KB023260

학생자치,
학생주권시대를
열다

학생자치,
학생주권시대를
열다

2020년 5월 8일 초판 1쇄 발행
2021년 10월 20일 초판 2쇄 발행

지은이	김요섭 · 구슬이 · 구연희 · 김영자
	이동배 · 임재일 · 정옥희 · 홍섭근

펴낸이	이형세
책임편집	윤정기
교정교열	박민창
디자인	강준선
제작	제이오
펴낸곳	테크빌교육(주)
주소	서울시 강남구 언주로 551, 프라자빌딩 5층·8층
전화	02-3442-7783(333)
팩스	02-3442-7793
ISBN	979-11-6346-084-8 03370
정가	15,000원

시민으로서의 학생, 민주주의의 주체가 되다!

학생자치,

학생주권시대를
열다

김요섭 · 구슬이 · 구연희 · 김영자
이동배 · 임재일 · 정옥희 · 홍섭근

테크빌교육

들어가는 글

대한민국헌법 제1조 2항.

'대한민국의 주권은 국민에게 있고, 모든 권력은 국민으로부터 나온다.'

주권자인 국민이 갖는 기본 권리인 선거권을 학생이 갖게 되었다. 이제는 학생도 대통령과 국회의원, 시도지사와 지방의회의원, 교육감을 제 손으로 뽑을 수 있다. 정당 가입을 비롯한 정치활동도 가능해졌다. 바야흐로 학생주권의 시대가 도래한 것이다!

'학생' 그리고 '자치', 이 얼마나 설레는 단어인가. 자신의 권한을 행사하며 함께 공동체를 이루어가는 기쁨의 공간이 되어야 할 학교. 이곳에서 학생들은 주인공이 되어야 한다. 이들의 상상은 현실이 되고, 하나하나의 소중한 바람과 생각들은 땅에 떨어지지 않아야 한다. '학생, 자치.' 결코 가볍지 않은 이름의 무게에도 불구하고 우리는 그동안 학생자치를 학생들이 진행하는 행사 정도로 생각하진 않았는지 되돌아본다.

학생주권시대! 이제 우리의 학교는 자신의 삶을 둘러싼 법과 제도를 바꿀 수 있는 선거권자를 보유하게 되었다. 아직은 일부 학생에 지나지 않지만, 학생들의 목소리는 학교자치의 공공성을 지향하는 가운데 학칙, 교복, 행사 등 일상생활의 부분들을 넘어 학교 교육과정 편성·운영, 학교의 정책 결정 과정 참여에까지 확장될 것이다. 나아가 그들은 학교 밖 정치 참여를 통해 학생들의 목소리를 대변할 것이며 그 울림은 학교 밖에서 안으로 강하게 전해질 것이다.

학생주권시대에 걸맞은 학생자치의 방향은 무엇인가?
학생자치는 어디까지 와 있으며 어디로 나아가야 하는가?
그동안 발굴되지 않았던, 함께 고민하고 실천해 볼 사례들은
무엇이 더 있을까?

위와 같은 질문의 답을 찾고자 이 책은 기획되었다. 이 책은 학생주권시대를 여는 18세 선거권 도입이 학생자치 측면에서 갖는 의미와 과제를 제시한다. 또한 법과 정책을 통해 보다 근본적인 학생자치에 대해 고민하고 있으며 학교자치의 흐름에서 학생자치를 조망하고 있다. 마지막으로 초등학교에서부터 고등학교에 이르기까지, 일반고에서 특성화고를 넘어 영양교육 등 다양한 분야에서 학생을 주인공으로 세우고자 했던 성찰과 고민, 노력의 결실들이 담겼다.

민주시민 의식은 타고난 것이 아니라 배워서 몸과 마음에 새기는 것이다. 사고의 깊이와 관점의 확대는 고민만큼 깊어지고 실천이 뒤따

들어가는 글

른다. 이제 우리의 학교에서도 학교 민주주의를 지속 가능한 교육의 대안으로 삼으며 교육 주체들의 자치와 자율적 참여를 독려하길 기대한다. 학생자치도 그 대열에서 중추적 역할을 감당해야 할 것이다.

학생들이 학창 시절을 어떻게 자기 고유의 방식으로 맞이하느냐에 따라 세상살이의 영광과 고통을 준비할 수 있는 자기만의 인생 이야기가 만들어질 것이다. 그 이야기에는 많은 등장인물이 필요하다. 어느날은 호기심 많은 친구가, 때론 든든한 조력자 선생님이, 또 인생의 선배 부모님이…. 각양각색의 기획력이 빛을 발하는 성공 이야기든, 여러 갈등만 남기고 마무리가 허술했던 실패 이야기든, 자신만의 인생 이야기가 가늠할 수 없는 미래를 당당하게 맞이하도록 도울 것이다. 학생을 간섭이 아닌 조력의, 배제가 아닌 참여의 주체로 엮어가는 흥미진진하고 생생한 이야기 속으로 독자들을 초대하고 싶다.

2020년 4월
저자 일동

목 차

Chapter 1.
참여와 실천의 학생자치

1. 만 18세 선거권 도입,
학생자치의 본격적인 시작[1]

대한민국 역사상 최초로 만 18세 선거권 도입

2020년 연초부터 교육계가 한 단계 도약하는 사건이 있었다. 선거 연령을 만 19세에서 만 18세로 낮추는 공직선거법 개정안이 국회 패스트트랙(신속처리안건) 법안으로 지정되어 2019년 12월 말 국회에서 통과된 것이다. 법안 발의 자체도 다른 중요 안건으로 인해 큰 관심을 끌지 못했고, 실적용 발의라 통과도 되지 못할 것이라는 우려도 있었지만, 누구도 예상하지 못한 결과가 나왔다. 이 결과 2002년 4월 16일 이전에 태어난 약 14만 명(교육부 추산)의 학생이 2020년 4·15 총선에서 투표권

---

1   김인엽 외(2019). 「평생학습체제 수립을 위한 국가 교육 및 훈련 관련 법령 분석 및 개선 방안」 연구에 본 원고 중 일부 내용 포함

을 갖게 되었다. 이로써 OECD 국가에서 유일하게 만 19세부터 선거권을 가진 국가라는 오명에서 벗어날 수 있었다. OECD(경제협력개발기구)에 가입한 34개 회원 국가 가운데 미국, 영국, 독일 등 주요 선진국을 포함하여 32개국의 선거 연령은 만 18세 이상이며, 오스트리아는 2007년 선거 연령을 만 18세에서 만 16세 이상으로 낮췄다. 법과 제도에 있어 보수적이라 여겨지는 일본도 1945년에 제정한 선거법을 70년 동안 고수하며 만 20세 이상에만 선거권을 부여하다가, 2015년에 선거 연령을 18세로 낮췄다.

그동안 민감한 교육 관련 정책연구에 여러 번 참여하였지만, 학생 선거권이라는 첨예하게 대립되고 민감한 사안을 다루는 정책에 대해 섣불리 용기를 내기 어려웠다. 하지만 현시점에서 누군가는 냉정하게 현상을 분석하고 향후 파급력에 대해 예측해야 한다고 생각한다. 안타깝게도 이 법안 통과 직전 A 교원단체는 반대 의견의 보도자료를 내면서 그 근거로 교실의 정치장화에 대한 우려, 학생들의 선거법 위반, 민법 및 청소년 보호법과의 충돌을 내세웠다. 이들은 "선거 때마다 보수·진보의 이념적 대립이 교실 안으로 침투해 학생을 선도하고 정치도구화할 것"이라고 우려하기도 하였다.[2]

반면 B 교원단체의 경우 현행법상 만 18세부터 납세·근로 의무가 부과되고, 공무원 시험에 응시할 수 있으며 운전면허도 취득 가능하다는 이유로 찬성 의견을 내기도 하였다.

이중 A 교원단체가 주장한 내용은 학교 현장의 시각을 그대로 드러

---

2   https://news.joins.com/article/23651214

내고 있다. 각종 설문조사 결과를 보면 학생, 학부모, 교사 중 교사의 시각이 가장 보수적이라는 것이 드러난다. 2019년 경기도교육연구원 정책연구[3]에서 만 18세 선거권에 대한 교원의 생각을 조사해보았더니 과반수가 도입에 반대한다고 하였다. 실제 학교 현장에서 발생할 수 있는 여러 사안에 대한 우려를 드러낸 것이기도 하지만, 학생을 바라보는 교원들의 보수적인 시각을 여지없이 나타낸 것이기도 하다. 물론 이면에는 여러 사안에 대한 책임 문제가 자리잡고 있을 것이기도 하지만 A 교원단체의 의견은 논리가 없는 변명에 가깝다. 보완책을 이야기하려면 실질적인 것을 논해야 하는데, 반대를 위한 명분만 찾고 있는 형국이다. 국민의 입장에서 볼 때 법이 통과되었으면 교육부·교육청·학교·교원은 대응책을 찾는 것이 당연한 역할이다. A 교원단체가 말하는 것처럼 만 18세 선거권의 도입으로 학교가 정치판이 될까? 비슷한 예를 들어보면 대학교 1학년들에게는 대개 선거권이 있으나 학교 내에서 선거 이야기가 주가 되지 않는다. 그들이 우려하는 것처럼 문제가 비화된 적이 거의 없다. 학교나 교실이 정치의 장이 되기보다는 교실 밖에서 건강한 소통과 토론의 문화가 형성되기도 한다. 최근 대학교의 미투 운동[4](Me Too movement)과 대자보는 정치적인 견해를 드러내는 건강한 민주주의의 창구로서 역할을 더하고 있다. 아쉽게도 최근 대학가에서는 구직이 힘든 현실 탓에 총학생회 선거에 출마자도 나오지 않고 정치

---

3   경기도교육연구원(2019), 학교민주주의의 개념과 실행조건 연구.
4   2017년 10월 폭로된 하비 와인스타인의 성폭력 사건을 계기로 전 세계적으로 확산된 성폭력 피해자들이 SNS 등을 통해 자신의 피해 경험을 연달아 고발한 현상. 대한민국에도 상당한 파급력을 미침.

에는 무관심한 현상도 있다. 만 18세 선거권이 도입되면 교실이 정치판이 될 것이라는 생각은 기우에 가깝다.

　만 18세 학생들이 투표권을 갖게 되면서 학교 현장이 정치장화될 것이라는 우려가 나오자, 촛불청소년연대(시민단체)는 2020년 1월 20일 열린 기자회견에서 만 18세 학생의 투표권이 보장된 만큼 오히려 이들의 선거운동·정치활동 등 참정권을 보장해야 한다고 주장했다. 한 고등학생은 "청소년의 투표권에 반대하는 쪽은 학생이 정치에 이용되고 교실을 정치판으로 만들며 학업에 방해된다는 목소리를 내고 있다"며 "이는 학생을 시민으로 존중하지 않고 미성숙한 존재, 보호해야 할 존재라는 명목하에 권리를 박탈하고 침묵시키는 행위"라고 강조하는 발언을 했다.[5]

　역사적으로도 일제강점기의 3·1 혁명[6]의 주역 중 한 축은 학생(청소년)들이었다. 우리가 잘 알고 있는 유관순 열사도 1902년생으로 이화학당에 재학 중이던 1919년에 만 17세에 불과했다.[7] 일제강점기 독립운동에서도 일제에 맞서 학생들이 학업을 중단하며 광복군이 되었고, 6·25전쟁에서도 수많은 학도병이 공산주의에 맞서 싸웠고, 4·19 혁명은 주역 자체가 학생들이었다. 5·18 광주 민주화 운동에서도, 멀지 않

5　뉴스1, 2020년 1월 20일 자 기사 참고.

6　3·1 만세 운동 100주년을 기념하여 2019년에 3·1혁명으로 부르는 움직임이 정부·시민·민간단체 중심으로 일어났다.

7　1902년에 출생, 일제의 무자비한 고문으로 1920년 18세의 나이로 순국. 1962년 독립운동가에 대한 서훈 때 5등급 가운데 3등급인 '건국훈장 독립장'을 받았는데 공적과 상징성에 걸맞지 않다는 지적이 계속되어, 2019년 2월 26일 국가 최고 등급인 '건국훈장 대한민국장' 추가 서훈.

은 2017년 국정농단에 맞서는 촛불 혁명에서도 그 중심에 학생들이 있었다. 사실 따지고 보면 대한민국 역사의 중요한 순간에 학생이 빠진 적은 거의 없었다. 기성세대와는 달리 자신의 이해관계의 유불리를 따지지 않고 옳고 그름의 문제에 가장 열정적으로 다가갈 수 있는 것이 바로 청소년 세대이기 때문이다. 일부 보수 정당이나 단체에서도 이 법에 대해 평가절하하고, 준비되지 않았기 때문에 문제가 생길 것이라는 논리만으로 시대 변화의 흐름에 저항하고 있다. 과거 국가 중대사에서 혼신을 다해, 더 나아가 국가를 위해 목숨까지 기꺼이 내던졌던 학생(청소년)들은 제도적으로 준비가 되어 있고 체계적으로 교육을 받아 그러한 변화를 이끌어 낸 것이 아니었다. 이는 대한민국의 과거를 부정하는 부끄러운 발상이다.

선거권은 역사적 투쟁의 산물이기도 하다. 여성 선거권만 봐도 그 권리를 획득하기 위해서 인류 역사가 시작된 이래로 얼마나 많은 투쟁과 논쟁이 있었는지를 알 수 있다. 여성 선거권에 대한 논의는 프랑스 혁명 당시 여성의 선거권을 주장[8]하면서 시작되었다. 19세기 후반, 여러 나라에서 제한적으로 여성의 선거권이 허용되기 시작했고, 미국도 1920년에 와서야, 대한민국은 1948년에 와서 시작되었다. 우리나라에서도 여성 선거권의 역사는 100년이 채 안 된다. 선거권은 그 자체의 무게만으로도 과거의 민주주의의 투쟁과 저항의 역사를 상징하는 것이라 가벼운 의미로 접근해서는 안 된다. 고등학생의 선거권은 그 자체로

---

8   니콜라 드 콩도르세 후작(Marie Jean Antoine Nicolas de Caritat, Marquis de Condorcet), 올랭프 드 구주(Olympe de Gouges) 등.

우리나라에 큰 변화를 가져올 수 있으며, 선거권의 획득과 제도적 활용은 별개일 수 있으므로 권리에 대한 책임과 의무를 생각해봐야 할 시점이다.

만 18세 선거권 부여에 반대하는 이유는 과연 논리적인 것인가, 역사적인 것인가, 감정적인 것인가. 아이러니하게도 기성세대 또한 특별한 교육을 받지 않았지만 일정 나이가 되어 자연스럽게 선거권을 부여받았다. 때문에 그 가치가 얼마나 절실한지 무게감을 알기 어려울 수 있다. 역사적으로 살펴볼 필요도 없이, 최근 일부 극우세력들이 보여 주는 행태는 선거권이 일정 나이가 된다고 합리적으로 활용되지 않는 단적인 예를 보여 준다.[9] 즉 만 19세가 아니라 더 나이 많은 성인이 되었다고 선거에 대한 이해도가 높고, 준비가 체계적으로 된다고 하는 발상은 근거를 찾기 어렵다. 오히려 이익집단화되고 사회 갈등을 부추기는 데 앞장서 눈살을 찌푸리게 하는 일들이 비일비재하다. 일부에서는 이런 이들이 불법을 저질러도 나이가 있으신 분들이니 용서해야 한다는 초법적인 발상을 하기도 하는데, 법치주의(法治主義) 사회에서 나이에 대해 우대를 하는 것은 전혀 앞뒤가 안 맞는 이야기이다.[10] 오히려 이런 이들은 시민교육을 잘 받지 못한 탓이라고 보는 시각이 우세하다.

세계 역사를 돌이켜 볼 때 삶, 자유, 명예를 위해 항거하는 이들 중에는 10대도 많았다. 그럼에도 불구하고 기성세대들은 10대들이 무엇

---

9 시위를 하는 특정지역에서 거의 초법적인 행동들을 하며, 사상이 다른 이들이나 젊은 층들을 폭행하는 것을 권리처럼 생각하기도 함. 시각장애인학교의 학생들의 수업권을 보장해달라는 요구를 묵살하며, 언어적 폭력을 저지르기도 함.

10 법의 판단에 있어 나이를 고려하는 경우는 성년인지 미성년인지에 대한 구분만 함.

을 알겠는가, 그들의 철없는 행동들이 무엇을 바꿀 수 있는가 하는 의문부터 가진다. 그러나 대한민국의 역사에서도 보듯 10대들도 역사의 주인공이 될 수 있다. 그런데도 우리나라는 중학생 시절부터 스스로 생각하는 능력은 제거당한 채 기계적으로 특목고와 자립형 사립고등학교(이하 자사고)[11]에 가기 위한 경쟁을 하고 있다.

여기서 잠깐 다른 얘기를 하자면 자립형 사립고등학교는 그야말로 자립을 하는 학교라는 뜻인데, SKY에 귀속되었으면 되었지 자립했다고 생각하는 이들은 거의 없다. 자립의 영역이 방대하지만 특히 학생 자립(자치)이 이루어지고 있다는 소리는 들어본 적이 없다. 국회의원 151명, 즉 절반이 넘는 국회의원이 전북교육청의 전북 S고(자사고)의 자사고 탈락에 반대 성명을 낼 정도로 뜨거운 감자였고 전 국민의 관심을 끌었으나, 자사고 출신 학생이 자치 역량이 뛰어나 영향력을 끼치는 인물이 되었다는 이야기는 아직 들어본 바 없다. 반면에 초등학교 때부터 학생자치로 학생들의 자율적인 역량을 키운 외국은 다른 면모를 보이기도 한다. 2019년, 환경운동으로 세계적인 주목을 받은 스웨덴의 환경운동가 그레타 툰베리(Greta Thunberg)[12]는 2019년 기준 16세의 소녀이다. 그는 전 세계의 기후변화 행동 시위를 이끌었고, 유엔 기후정상회의를 앞두고 배출가스가 없는 요트를 타고 대서양을 횡단하기도 하였다. 수많은 인파가 맨해튼에 모여 그와 함께 "지구를 구하자!"라고 외쳤

---

11 2019년, 정부에서는 2025년 자사고 시행령 폐지를 예고함.
12 미국의 시사주간지 타임이 꼽은 2019년 올해의 인물로 선정. 올해의 인물을 선정한 92년 역사상 가장 최연소의 나이임. 트위터에서 미국 대통령인 도널드 트럼프와 설전을 벌인 것으로 더 유명해짐.

다. 그는 성인들이 할 수 없는 일을 10대가 할 수 있다는 것을 전 세계를 대상으로 보여 주었다.

현시점에서 우리나라에서 이렇게 세계적으로 영향력 있는 10대가 나오는 일들이 과연 가능할까? 2004년 고등학교 3학년에 재학 중이던 한 학생이 종교를 자유롭게 선택할 권리를 보장하라며 1인 시위와 46일간의 단식 투쟁을 벌여 일부분 파문은 있었지만 한 개인의 일탈이라는 분위기와 함께 금방 묻히고 말았다. 이후 15년의 세월이 지났지만 지금까지 대한민국 고등학교의 시계는 보수적인 과거의 시절에 멈춰 있다.

어쩌면 학교는 일제강점기에 체계가 갖춰진 이후로 개혁의 바람이 불지 못한 무풍지대(無風地帶)이다. 여전히 학생은 학생다워야 함을 강요당하고 있고, 이제 만 18세 선거권이라는 권리가 주어졌지만, 보수적인 어른들은 통제 장치를 더욱 공고히 하려고 한다. 서울특별시교육청에서 외부기관(YMCA전국연맹·징검다리교육공동체)에 위탁해 진행하려던 '초·중·고 모의 선거'와 관련해 선거관리위원회(이하 선관위)는 제동을 걸기도 했다. 2020년 4월 총선을 앞두고 서울 시내 초·중·고 40곳을 대상으로 '2020 총선 모의 선거 프로젝트 학습'을 실시하려는 것이었다. 해당 교육은 총선 출마자 공약을 분석하고 모의투표까지 진행하는 방식이었는데 선관위에서 선거법 위반 가능성과 정치 편향성을 우려해 제동을 건 것이다.[13] 학생들에게 의견을 묻지도 않고 어른들끼리 '된다', '안 된다'를 결정하고 있는 셈이다.

---

13 https://news.v.daum.net/v/20200120103315495

학교 내 여러 문제가 학교에서 가장 많은 수를 차지하고 있는 학생들에게 평가를 받지 못하고 있다. 이러한 통제 위주의 관점을 가지는 학교에서 발생하는 일들에 대한 기회비용은 상당하다. 미래세대의 주역이라고 이야기하고, 학교자치의 주체라고 이야기하는 것은 성인들의 이해관계와 얽히는 순간의 감언이설(甘言利說)일 뿐이다. 우리나라는 사회적 갈등비용이 큰 국가이다. 2013년 전국경제인연합회가 밝힌 자료에 의하면 한국의 사회갈등의 수준은 경제협력개발기구(OECD) 27개국 가운데 두 번째로 심각한 것으로 나타났고, 이에 따른 경제적 손실이 최대 246조 원에 이르는 것으로 분석됐다.[14] 더는 갈등이 심각해지지 않도록 학생들에게 시민교육이나 정치교육을 통해 건강한 시민으로 성장하도록 하는 것이 하나의 대안이 될 것이다.

우리의 삶은 모두 정치로 귀결된다

지금까지 만 18세 학생들은 자동차를 운전할 수 있고, 세금도 납부할 수 있지만 최소한의 권리인 선거권이 없었다. 이제 와서 온전한 권리를 찾은 것이다. 그리고 그들이 재학 중인 학교 정책에 대해 평가하고 심판할 수 있는 최소한의 권리를 갖게 된 것이다. 이것의 상징성은 크다. 아쉽게도 일부 보수적인 단체에서 여러 가지 이의를 제기해 선관위가 대

---

14   머니투데이, "韓 사회갈등으로 연간 최대 246조원 손실", 2013년 8월 21일 자.

책[15]을 내놓았는데, 현실을 반영한 것인지는 미지수다. 구체적으로 교육현장의 특성을 반영해 교육현장에 맞춘 운용 기준과 사례 중심의 선거법 안내자료 작성·제공, 교육기관·학부모 단체와 연계한 입체적 안내·예방, 정당·후보자 대상 선거운동 안내자료 제공 등을 대책으로 발표했다. 또한 만 18세 유권자와의 소통을 위해 인플루언서 등과 협업한 공감 콘텐츠 전파 및 랩(Rap), 웹툰 등을 활용한 선거정보 제공, 선거교육을 위해 교재 제작, 배부 및 전담인력 양성, 학교를 찾아가는 선거교육 실시와 포스터, 현수막 및 가정통신문 활용 등을 진행할 예정이라고 한다. 여기까지는 그나마 긍정적으로 평가할 수 있다. 선관위는 '학교의 정치화'를 막기 위해 교육상 특수 관계·지위를 이용한 불법 선거 관여 행위 고발조치 등 엄정 대응, 신고·제보 네트워크 구축 및 전담 신고·제보센터 운영, 학생의 경미한 위법행위는 학교 인계, 훈방 또는 현지 시정조치(반복 시 엄중 조치), 불가피한 위법행위 발견 시 학생의 학습권 및 인권 최대 보장 등을 실시할 계획이라고 밝혔는데 학생이나 학교를 잠정적인 범죄자로 취급하는 듯한 인상마저 보인다. 분위기가 조성되기 이전에 불법을 엄단하겠다는 의지를 보여 주며 학생과 교사에게 엄포를 놓는 것 같다. 이런 식이라면 결과적으로 교사들이 위축되어 아무것도 하지 않으려 하는 현상이 발생한다.

학생의 만 18세 선거권은 선거권 자체에 의미가 있다기보다 선거권을 통한 자신들의 권리를 적극적으로 인식하고, 활용하는 데 의의를

---

15 뉴시스, "교사 선거 불법 관여 시 고발, 선관위, 18세 유권자 대책 발표", 2020년 1월 15일 자.

Chapter 1. 참여와 실천의 학생자치

찾아야 한다. 이러한 상황에서 독일의 보이텔스바흐 협약(Beutelsbacher Konsens)[16]과 같은 형태의 조건을 만드는 것이 필요한 것이지, 교사들의 손과 발을 언제까지 구시대적인 '공무원의 정치적인 중립'이라는 형틀에 묶어둘 것인지 생각해 볼 필요가 있다. 일반적인 공무원과 다르게 교직이라는 특수한 상황에서는 오히려 18세 선거권을 계기로 시민교육과 연관 지어 자유로운 의견 개진을 할 수 있는 분위기를 조성하도록 해야 하는 것이 맞다. 한 예로 학교에서 교사들은 종교에 대해서는 논의할 수 있지만 종교를 포교(布敎)하지는 않는다. 그것은 상식이기도 하고, 지켜지지 않을 때에는 공무원의 품위유지의무 위반[17]으로도 징계나 처벌이 가능하다. 교사들과 공교육을 못 믿는 불신시대에서 벗어나야지만 시민교육의 새로운 틀이 시작될 것이고, 학생들의 선거권에 대해 제대로 된 인식을 할 수 있게 될 것이다.

지금에 와서야 '미래사회의 주역인 청소년에게 일부분의 권리를 주는 것, 사회적 합의를 끌어내는 것이 왜 그렇게 어려웠을까' 하는 생각이 든다. 우리나라가 시대의 흐름에 뒤떨어진다는 것을 꼭 우리 스스로 갈등을 통해서 표출해야만 하는 것이었나 하는 생각이 들기도 한다. 어쩌면 이러한 사회적인 갈등과 혼란의 상황은 독일과 같이 초등학교 때부터 정치교육과 민주시민교육을 했더라면 변화할 수 있었을 것이라

---

16 학교에서 정치적 상황을 학생들에게 이해시켜서 균형 잡힌 정치적인 행위 능력을 갖추도록 하는 내용이 포함된 일종의 수업지침(강제성의 금지, 논쟁성의 유지, 정치성 행위 능력 강화).

17 국가공무원법 제63조(품위유지의 의무), 지방공무원법 제55조(품위유지의 의무). 공무원은 직무의 내외를 불문하고 그 품위가 손상되는 행위를 하여서는 아니 된다는 규정.

본다. 1·2차 세계대전의 전범국가였던 독일은 전후 재건을 위해 여러 노력을 하면서 과거에 대한 반성[18]을 통해 철저하게 시민교육을 하였다. 세계에서 가장 재정이 튼튼한 나라라고 알려진 것 외에도 시민교육으로 인해 다시 한 번 주목받고 있다. 대표적으로 2015년 이후 시리아 내전으로 인한 난민사태에서 가장 많은 난민을 수용했고, 현재까지 여러 논란이 있지만 사회적으로도 다른 나라에 비해 월등히 성숙한 모습을 보여 주었다.

여러 가지 문제 상황에서 사회적 합의를 끌어내지 못하고 갈등이 쉽게 봉합되지 않는 이유를 시민의식의 부재, 합의를 할 수 있는 제도의 부재에서 원인을 찾을 수 있다. 이는 비단 성인의 문제로만 국한해 생각해볼 수 없다. 우리나라 학교문화와 청소년들에게 제대로 된 합의나 절차, 권리를 주지 않은 것에서 그 원인을 찾아봐야 할 것이다. 더 나아가 정치는 성인들만의 전유물이 아니다. 우리의 삶은 모두 정치이다. 학생들 간의 관계나 진로 등 삶의 곳곳에 정치적 판단이 관여된다. 성인들만이 국가 중대사를 논할 수 있다면 성인 자격증을 만들어야 할 것이다. 일정 연령이 되었다고 그 자격을 주는 것이 과연 옳은 것인지, 주요 선진국처럼 어린 시절부터 체계적으로 가르치고 판단할 수 있게 해야 하는 것은 아닌지 생각해본다. 교실이 정치판이 될까 봐 문제라고 생각할 것이 아니라, 교실이 정치에 대한 이해를 높이고 판단력을 키우는 공간으로 활용되어야 한다는 논의가 나와야 하지 않을까 하는 생각도 한다.

---

18 독일에서는 연구나 교육, 예술 활동 이외의 목적으로 나치 문양을 사용하는 것이 엄격히 금지됨. 이를 어기는 사람에게는 최대 3년의 징역형이 선고됨.

판단력을 키우기 위해서 학생 때부터 충분한 논의의 장(흔히 말하는 정치판)을 만들어야 한다는 발상의 전환이 필요한 시점이 아닐까.

학생에게 참정권이라는 의미 있는 권한을 부여하기 전에, 교실이라는 공간에서 모의 실습을 해보는 것이 위험하다고 생각하는, 20세기를 살며 19세기 유교적인 사고방식에 머물고 있는 성인들에게 과연 학생들은 어떤 말을 할지 궁금하다. 우리의 삶은 정치로 귀결된다. 늘 그래왔고, 앞으로도 그럴 것이다. 우리는 정치적인 판단을 끊임없이 해온 투쟁의 결과 지금의 자리에 왔다.

학생들에게 익숙하지만 어른들에게만 낯선 학교 내 자치·선거

지금까지 학생이 학교의 정책에 참여할 수 있는 권리는 거의 없었다. 고작해야 일정 동아리에 참여하고, 학생회장을 선출하는 정도에 그쳤다. 여기서 주목해야 할 것은 학생회장 선출이다. 학생회장 선거는 초등학교 때부터 무척 민감하게 작동한다. 과거와 다르게 후보자 한 명이 나올까 말까 하는 상황에 그치지 않는다. 물론 지역마다 편차는 있다. 복수 후보가 나오게 되면 선거에 대한 기본적인 교육을 실시하고, 선관위에서 투표소를 빌려서 모의투표도 해보고 선거교육도 실시한다. 이는 성인들이 하는 선거와 크게 다르지 않다. 선거도 할 줄 모르고, 해본 적도 없고, 교실을 선거판으로 만든다고 하는 말 자체가 현실을 외면하고 있는 것을 반증한다. 이미 학생들은 초등학교 고학년 때부터 자신의 손으로 학교 대표를 뽑아왔다.

다만, 학교 대표인 학생회 임원들을 학교 운영에 참여시키지는 않았다. 허울 좋게 '학생대표'는 만들었지만, 정작 이들이 할 수 있는 것은 매우 제한적이었다. 단위학교의 교육자치를 실현하고자 만든 학교운영위원회는 법적으로 보장된 기구다. 여기에는 학부모 위원과 교원위원, 지역사회위원 정도만 참여하고 있다.[19] 학생들은 애초부터 참가 범위에 있지 않다. 일부 시·도교육청과 시·도교육감협의회에서 개정 움직임이 있지만 현실의 벽은 높기만 하다. 놀라운 것은 가장 보수적으로 생각하고 있는 이들이 교사들이라는 점이다. 학생들과 학교에서 가장 많이 접하는 교사들 또한 "학생들은 아직은 어려"라는 말로 일축하고는 한다.

우리는 과거 학생인권조례가 확산되면서 어떠한 일들이 있었는지를 알고 있다. 학생인권조례는 경기도를 시작으로 전국에 확산되었다. 아직도 일부 시·도에서는 학생인권조례가 교권을 추락시키고 동성애를 조장한다는 말로 그 의미를 폄훼하고 있다.[20] 일부 교사들은 학교 내에서 일어나는 학생 일탈의 모든 원인을 학생인권조례로 돌리기도 하였다.[21] 교권이 추락한 것이 학생인권조례 때문이라고 여기는 이들이 많은데, 교권 추락의 원인은 시대의 흐름에 따른 교사에 대한 시각 변

---

19 위원 정수 및 구성 비율은 학교 규모, 지역 특성, 학교급별, 계열을 고려하여 해당 학교의 운영규정으로 정하도록 하고 있는데 위원의 정수는 7~15명, 구성 비율은 학부모 40~50%, 교원 30~30%, 지역사회 인사 10~30%로 규정하고 있다.

20 학생의 임신으로 인한 학업중단, 성적 취향에 대한 차별이 있어서는 안 된다는 논의가 특정 단체에 의해 동성애 조장, 문란한 사생활 조장으로까지 확대되었음. 또한 체벌 금지 조항으로 인해 교사들의 권리를 빼앗겼다는 주장이 한동안 논란이었고, 최근에는 학생들을 통제할 방법이 없어 학생들의 문제행동이 늘어났다는 주장에 힘이 실리고 있음.

21 실제 학생인권조례 이전에도 일부 학생들의 일탈은 끊이지 않았다.

화, SNS의 발달, 고학력자의 증가, 학령인구감소에 따른 한 자녀의 증가, 교원의 행정 업무 증가, 학교의 역할 변화 등 여러 가지를 원인으로 꼽을 수 있다.

민주적으로 학교 운영을 하는 일부 혁신학교에서 학교 축제·체험학습 기획을 학생들에게 맡겼다고는 하지만 아쉽게도 중요한 결정은 대부분 교사가 했다고 봐야 한다. 현재의 학교 구조에서 학생들이 할 수 있는 일은 많지 않다. 구조적·제도적으로 그런 상황이다. 학생들은 교원에 대해 평가를 하는 유일한 수단인 교원능력개발평가에서도 큰 권한을 부여받지 못했다. 일부 교원단체에서는 그마저도 '개인적인 감정으로 악평을 남기는 일부 학생들 때문에 서술식 평가를 폐지해야 한다'는 목소리를 내고 있다. 미성숙한 학생들에게 권리를 주어봤자 감정에 치우친 무의미한 평가가 이루어질 뿐이라는 의견이 교육계에서 진보·보수를 가리지 않고 쏟아진다.

학교는 규모는 작지만 하나의 기관이다. 이 기관에서 온종일 생활하고 있는 고등학생들이 자신들이 받는 교육에 대해 평가하는 것은 어찌 보면 당연한 권리일 것이다. 대학생은 대학평가, 교수평가를 자유롭게 하고 교육과정도 스스로 짜고 있다. 총학생회에 참여할 수도 있고, 여러 정치적 견해를 낼 수 있다. 대학교 1학년과 고등학교 3학년은 출생일 외에 차이가 크지 않다. 고등학생은 고등학생답게 입시 준비에만 매진해야 한다는 생각은 구시대적인 관점일 뿐이다. 이제 고등학생이 입시에 매진하는 시대는 종말을 예고하고 있다. 그들이 더 적극적인 의견을 내려 할 때 경청해주는 것이 교원과 학교의 역할이 되어야 한다.

학교의 역할 변화에 있어 학령인구 감소가 가져오는 영향력과 파급력은 상상을 초월한다. 당장 2019년 고3 학생 수가 50만 명 이상인데, 2019년 출생한 20만 명대의 아이들이 고3이 되는 18년 후에는 현재 고등학교 교사의 3분의 2가 사라져야 한다는 계산이 나온다. 더 심란한 것은 인구학자들은 20만 명이 무너지는 것도 시간문제라고 말하고 있다. 전체적인 학령인구도 급감하고 있다. 통계청 장래추계인구에 의하면 2017년 272만 명이던 초등학생 숫자는 2030년 180만 명으로 예측되고 있다. 당장 10년 후 초등교사 약 5만 명이 남는다는 계산이 나온다.[22] 이러한 상황에서 입시를 핑계로 고등학생들을 통제해야 한다는 관점은 난센스에 가깝다.

이런 분위기라면 자연스럽게 고등학교만 졸업하고 사회생활을 하는 이들이 늘어날 것이다. 교육부에 따르면 우리나라의 대입 정원은 2019년을 기준으로 고3 학생 수보다 더 많아졌으며, 2024년에는 실제 입학 가능 학생 수보다 대학 정원이 12만 명 많아질 것이다. 과거 80%에 육박했던 대학진학률은 계속 하락하는 추세이다. 2015년 OECD 기준 외국의 대학진학률은 한국 68%, 일본 37%, 독일 28%, 이탈리아 24%, 평균 41%이다.[23] 현재는 더 하락추세이다. 이는 고등학교만 졸업하고 사회 생활하는 경우가 많다는 뜻이다. 이는 고등학생들에게 시민교육을 해야 하며, 그에 대한 권리와 의무를 충실하게 교육해야 한다는 뜻으로 해석된다.

독일·프랑스·영국 등에선 '정치 교양', '시민교육' 등을 필수과목으

---

22 https://news.v.daum.net/v/20191218172903920
23 OECD 교육지표(2015).

Chapter 1. 참여와 실천의 학생자치

로 지정하여 시민교육에 적극적인 노력을 기울이고 있다.[24] 그러나 아직도 우리나라 교육부는 세부계획도 나오지 않은 채 사회과 수업이나 창의적 체험활동 시간에 활용할 수 있는 선거교육 교수·학습자료를 개발한다는 계획만 발표하고 있다. 그동안 교재나 자료가 없어서 시민교육이 제대로 안 된 것이 아니다. 제대로 된 권리를 학교와 교원들, 특히 학생들에게 주지 않는다면 학교 내 혼란과 불협화음이 가중될 것이다.

선거권 확대가 우리 사회와 교육계에 주는 의미를 되새겨야 할 시점이다

만 18세 선거권은 '이제 겨우 고등학생 14만 명이 선거권을 가졌다'가 아니라 비로소 법과 제도를 바꿀 수 있는 유권자를 교육하는 학교가 되었음을 의미한다. 우리가 상상하지 못한 변화가 이들을 통해 이루어질 것이라고 기대한다. 일방적으로 제공되는 학교 교육과정에 있어서도 자신들의 선택권을 주장할 것이고, 이는 정부의 2025년 고교학점제 시행[25]과도 연관이 된다. 고교학점제의 시작은 교육체제의 변화를 이끌어 낼 것이다. 제대로 작동하지 않을 것이라는 교육계의 예상과는 달리 유권자인 고3 학생의 판단이 이를 가르게 될 것이다. 가령, 고교학점제의 확대에 있어 현행 교원자격증 문제, 즉 교사들의 독점적인 자격증 문제

---

24   https://news.v.daum.net/v/20200120050606495
25   경기도교육청을 포함한 일부 시·도에서는 2022년 시행을 목표로 하고 있음.

는 걸림돌이 될 것이다. 이것에 대한 대안으로 많은 정책이 논의될 텐데, 그 과정에서 고3 학생들이 현실성 있는 정책 변화를 요구한다면 정치권에서는 무시할 수 없을 것이다.

현재 논의되고 있는 대학 파산 문제와 고교학점제가 결합한다면 어떤 결과를 예측할 수 있을까? 학령인구 감소로 시름하고 있는 대학들이 파산되게 되면 실력 있는 교수들도 피치 못하게 직을 잃게 될 것이다. 이들에게 수업을 받고 싶어 하는 학생·학부모의 요구와 고교학점제 제도가 결합된다면 현재 초·중등 교원들의 독점적 자격증 체제는 흔들릴 수 있다. 여기서 교원의 전문성과 재교육문제를 다시 한 번 고민해 보아야 한다. 실제 한국교육개발원(KEDI)에 따르면 교육개발원이 2019년 8~9월 만 19~74세 전국 성인 남녀 4천 명을 대상으로 2019년 교육개발원 교육여론조사(KEDI POLL)를 진행한 결과 학부모 응답에서 "초·중·고 교사 능력 신뢰도, 5점 만점에 2.79점"으로 초·중·고 교육에 대한 국민 전반의 평가는 '보통(C)'(53.5%) 수준이었다. 학교 교사의 자질과 능력을 깊이 신뢰하지 않는다고 의견을 낸 것이다. 심지어, 교사 자격증이 없어도 현장 경험이 있는 전문가를 초중고 교사로 초빙하는 방안에 학부모의 56.1%가 동의한다는 뜻을 밝혔다.[26] 이는 곧 교원들이 스스로 전문성을 입증하지 않으면 안 되는 위기 상황이라는 것을 반증한다.

고등학생의 성장을 기대한다면 학교 교육에서 향후 교사의 역할도 중요하다. 이제 스무 살 이후 성인이 되어야 정치에 참여할 수 있다는

---

26 https://news.v.daum.net/v/20200119070042571

생각은 시대의 흐름에 맞지 않는다. 고등학생의 제대로 된 선거권 행사를 위해 정치교육의 중요성이 부각되어 중학생, 더 나아가 초등학생까지 정치교육이 이루어지는 방향으로 나갈 것이다. 교사의 정치 중립의 의무로 교육적 권한을 포기할 것이 아니라 적극적인 정치교육으로 선거의 무게감을 가르쳐야 할 시기이다. 학생-교사의 대립 구도나 수직적인 모습이 아닌 유권자로서의 고3 학생은 비중이 다르다. 이제 교육정책에 대해서 투표하고 의견을 모으고, 의사를 개진할 수 있다. 정당에도 가입할 수 있으며, 정당의 공약에도 힘을 실을 수 있다.

보통 교육정책은 교육계의 모든 것을 움직인다. 교육과정, 교원정책(교원인사정책)도 교육정책 영역 안에 포함된다. 교육정책은 선거에 의해 판이 흔들린다. 지금까지 역대 정부의 정책으로 인해 대입정책, 교육개혁, 교육과정이 바뀌거나 없어졌다. 문재인 정부에서 고교학점제의 등장도 대통령 공약이 국정 과제화되어 만들어진 것이다. 이런 공약에 학생들이 직접 참여하고 의견을 낼 수 있다는 것만으로 지금까지 고등학교에서 교원들이 누렸던 기득권은 사라지게 된다는 뜻이다.[27]

한 가지 예를 더 든다면 교육자치와 일반자치의 결합이 적극적으로 일어나고 있는 혁신교육지구[28]가 있다. 최근 서울, 오산, 시흥을 비롯한 일반자치의 발전이 눈부시다. 이것이 탄력을 받는 이유는 지역 학부모(유권자)들의 적극적인 움직임과 요구로 인해 빛을 발하고 있기 때문이다. 지역의 특색에 맞는 교육정책을 교육자치와 일반자치에 동일

---

27 교육과정, 학교 운영을 포함 교사 중심의 시각에서 누렸던 독점적 권리를 뜻함.

28 2010년 경기도교육청에서 최초로 만듦. 현재 문재인 정부 국정과제이며 오산, 시흥지역이 교육자치-일반자치의 연계가 가장 잘 된다고 평가받고 있음.

하게 요구하고, 더 많은 교육적 투자와 관심을 유도하고 있다. 이렇듯 유권자는 교육의 방향성에 있어 무시할 수 없는 세력이다. 고3 교육 유권자의 각성으로 인해 교육에 대한 투자를 늘리고 질 좋은 교육을 위해 노력할 수 있는 계기가 될 것이다.

2020년 1월 유치원 3법이 통과되었다. 사립유치원들이 가졌던 기존 여러 기득권의 종말을 예고한다고 봐야 한다. 여론의 압도적인 지지로 국회 패스트트랙에서 마지막을 장식하였다. 이러한 상황에서 우리가 주목해야 할 부분이 있다. 향후 고3 유권자들과 학부모들이 교육계의 개혁(또는 교육자치의 개혁)을 거세게 요구할 가능성이다. 이제 학생회가 학교의 홍보 수단, 전시적으로 활용하는 수단이 아닌 학교 운영의 주축이나 핵심이 될 수 있다. 이들의 성장이 학교 운영에 걸림돌이 될 것이라거나, 유권자가 학교 내에 있다고 정치적으로 변할 것이라는 우려는 섣부르다. 대학교수들은 유권자를 가르친다고 교수법이나 교수에 있어 어려움을 겪지 않는다. 고등학생이 미성숙하다는 생각을 한다면 그만큼의 역할을 교사들이 더 해주면 된다. 어쩌면 학교와 교사의 어려움을 적극적인 정치력을 발휘해서 대변해 줄 수 있다. 일부 고등학교의 대토론회에서 학부모들의 무리한 요구에 중재 역할을 자처하는 것도 학생들이라고 한다. 동등한 위치에서 상호견제와 균형을 통해 함께 상생하는 길을 찾는 것이 학생자치의 올바른 방향이다.

물론 학교별 또는 지역별로 큰 차이가 있을 것이다. 혁신학교를 통해 어느 정도 성과를 낸 학교는 학생의 신거권 확대를 발판으로 더 많은 발전적인 시도를 할 가능성이 크다. 시대에 뒤떨어진 학교는 도태되고 지탄받을 것이다. 자치는 모든 지역의 발전을 보장하지 않는다. 그만큼

자치는 노력이 필요하고, 책임이 필요하다. 그렇지만 앞서나가는 곳이 있기에 시간의 차이는 있지만 언젠가는 발전해나갈 것이다.

학생자치의 완성은 교육과정과 학교 운영의 선택권으로 귀결된다

만 18세 선거권의 획득은 학생들의 권리에 대한 자각에서 시작할 것이다. 기존 학생자치가 교사들이 판을 마련해주면 그 범위 내에서 일부분 학생들의 역할을 찾는 데 그쳤다면, 진정한 학생자치는 학생들이 교육과정과 학교 운영의 선택권을 갖게 되는 방향으로 이루어질 것이다. 기본적으로 유권자이기 때문에 학교운영위원회와 관련한 법·제도 개선을 요구할 수도 있고, 정당에 가입하거나 단체를 만들어서 교육자치의 수장인 교육감에게 요구를 할 수 있을 것이다. 학생들의 복지도 고려 대상이긴 하지만 궁극적으로 학생들의 선택형 교육과정[29]이나 학교 운영 방식에 대한 권리 요구도 생길 수 있다. 이는 학부모의 요구와는 또 다른 양상으로 펼쳐질 것이다. 학부모의 요구는 크게 몇 가지로 구분되었는데, 자녀의 입시·진로 문제나 생활지도 문제, 평가 문제나 담임교사에 대한 불만 등의 제한적인 요구가 그것이다. 이는 교사 재량권의 영역이라고 상쇄할 수 있는 여지가 일부 있었다. 그렇지만 교육과정을 직접 교수받아야 하는 학생들의 요구는 더욱더 구체적이고 시대의 흐름에

---

29 고교에서는 고교학점제의 형태지만 이는 교육과정 선택권의 신호탄으로서 초·중 학교에서도 비슷한 형태의 선택권을 가질 수 있을 것이다.

민감하게 작동할 것이다. 교사들이 이에 적절하게 반응하지 않는다면 시대의 흐름에 역행하는 결과를 초래할 것이다.

물론 학생자치로 인해 학생들의 권리 요구만 이루어지지는 않을 것이다. 학교자치라는 영역 안에서 교원, 학부모, 지역사회의 요구의 합의를 거쳐야 하는 전제 조건과 안전장치가 있을 것이다. 그렇기에 학생자치는 학교자치가 전제되어야만 꽃을 피울 수 있다. 학교자치가 법·제도적으로 전제되지 않는다면 제도화되지도 않을 것이고, 설사 학생자치가 먼저 제도화되더라도 여러 가지 문제가 발생하여 폐기·수정의 시행착오를 거칠 것이다.

학생자치는 균형적인 요소가 완벽히 자리잡은 후 제도에 대한 요구를 하는 것이 맞다. 하지만 학생자치가 분명 만 18세 선거권의 획득으로부터 시작되게 될 것을 조심스럽게 예측해본다. 미래는 아무도 가지 않은 불확실로 가득 차 있지만, 불안 요소만 존재하지는 않는다. AI와 경쟁하는 첫 번째 세대인 지금의 학생들에게 변화를 자연스럽게 받아들일 수 있는 길을 열어주었으면 한다. 미래의 주인공은 학생이며, 교사들은 기계적인 정량적 평가와 줄 세우기를 강요하는 입시의 굴레에서 벗어나게 해주는 조력자와 동반자의 역할을 해야 한다.

학생들에게 학교 운영에 참여할 수 있는 권한을 주는 것은 미래사회를 살아갈 적응력을 키워주는 예방주사가 될 것이다. 경기도교육청의 몽실학교[30]처럼 자신들의 교육과정과 학교 운영에 적극적으로 참여하면서 변화하는 모습을 기대해본다. 기성세대가 조금씩 양보하여 길을 열어주면 자연스럽게 실현될 것이다. 학생들은 어른들의 생각보다 많은 것을 알고 있고 헤아릴 수 있다. 고등학생 때 겪었던 학교와 어른들, 교사들에 대한 분노, 좌절, 고민을 돌이켜 본다면 직감적으로 학생이 스스로 판단할 수 있는 능력이 있다는 것을 알 수 있지 않은가. 이제 학생을 진정한 교육 3주체로 대할 시점이다.

---

30 2016년 9월 20일 개소한 '몽실학교'는 마을 교육공동체의 하나로 경기도교육청에서 운영하고 있는 청소년 자치 배움터이자 학생 복합 문화공간이다. 목공방, 영세프실 등 다양한 체험·실습 프로그램을 위한 공간을 제공 학생들의 꿈을 실현할 수 있는 학생자치 배움을 지원한다.

참고문헌

- 경기도교육연구원(2019). 학교민주주의의 개념과 실행조건 연구.
- OECD 교육지표(2015)

Chapter 1. 참여와 실천의 학생자치

2. 학생주권시대의
고민과 과제

호모폴리티쿠스와 학교사회

인간은 근본적으로 다른 사람과 어울려 살 수밖에 없는 존재이다. 집단을 이루고 살아가다 보면 한정된 자원을 둘러싸고 서로 다른 의견이 생기고 문제가 발생하게 된다. 그렇기 때문에 인간은 숙명적으로 정치적 동물(호모폴리티쿠스)일 수밖에 없다. 흔히 민주정치의 발원지로 고대 그리스 사회를 떠올리지만, 그리스는 제한된 민주주의 사회로서 정치란 시민권을 가진 성인 남자들만이 누리는 권리였다. 폴리스의 아고라 광장에서 언변가인 소피스트를 비롯하여 그리스의 시민에게 폴리스의 문제에 대한 정치적 토론과 논쟁은 일상적인 일이었다. 그러나 당연히 누리는 시민으로서의 정치적 권리에 대해 무관심하고 자기 일에 집중하는 부류도 있었다. 흔히 '정치적 무관심자'들은 현대 사회뿐만 아니라 그리스 사회에서도 있었던 것이다. 안타깝게도 그리스 사회에서 이런 사람들은 배척당하고 무시되기 일쑤였다. 그리스 사회에서는 이런 사람들을 '이디오테스(idiotes)'라고 불렀다. 영어의 Idiot(이디어트)라는 말의 뜻은 흔히 우리말로 '바보'로 해석되는데. 이 단어의 어원은 헬라어 이디오테스(idiotes)에서 나왔다고 한다(김준형, 2016).

'이디오테스'라는 단어는 그리스 사회에서 공동체적인 문제에 대해 마땅히 누릴 수 있는 자유인인 시민으로서의 정치적 권리를 행사하지 않는 것에 대한 비판일 수도 있고, 헬라시대의 로마사회에서 시민으로서의 정치적 권리를 강조하는 측면에서 나오게 되었을 수도 있겠다. 중요한 점은 가족을 제외하고 학생들이 처음 만나게 되는 '학교'라는 하나의 작은 사회에서부터 관심을 가져야 한다는 것이다.

오늘날 민주주의 사회에서 국민의 가장 중요한 헌법상 권리 중 하나는 '참정권'이다. 우리나라에서 선거권은 공직선거법이 개정되기 전까지 학생들에게는 허용되지 않는 권리였다. 그러나 정식 선거권이 허용되지 않았을 뿐, 학생들은 초·중·고를 거치면서 늘 학교에서 자신들의 대표역할을 할 학생들을 자신의 손으로 뽑는 선거활동을 해왔다. 더욱이 SNS가 활발한 시대에서는 사회현상에 대한 정보를 비롯하여 자신의 권리와 의사표현에 대해 더욱 적극적으로 의견을 제시할 수 있다.

얼마 전 사회적 이슈가 되었던 서울 A 고등학교 학생들의 기자회견[1]은 중요한 시사점을 주고 있는데 첫째, 공교육의 중요한 목적이 민주시민 양성에 있다는 것을 성찰하는 것, 둘째, 헌법에 보장된 교사와 학생의 정치적 표현의 자유의 한계, 셋째, 교사의 수업권과 학생의 학습권 등의 충돌과 관련이 있는 문제이다.

현행법은 교육활동에 있어서 교사의 정치적 중립성을 명시하고 있다. 헌법 31조는 "교육의 자주성과 전문성, 정치적 중립성은 보장한다."라고 되어 있으며, 교육기본법 6조에는 "교육은 정치적, 파당적 또는 개인적 편견을 전파하기 위한 방편으로 이용되어서는 아니 된다."라고 명시하고 있다. 2012년 7월 헌법재판소는 공·사립학교 교사의 선거운동과 정치활동을 금지한 현행 '국가공무원법'과 '공직선거법'에 대해 합헌 판결하면서 "교원의 선거운동과 정치활동 금지에 대해 선거운동의 자유를 침해한다고 볼 수 없다."라고 판결하였다. 이에 대해 국제노동기구(ILO) 산하 전문가위원회는 교사의 정치 활동을 일절 금지하는 한국의 국가공무원법 65조에 대해 '정치적 의사 표현 제약이 정당화되려면 해당 직업의 본질적 요건으로 정당한 직무에 국한해 그 요건만큼만 제한적으로 이뤄져야 하며 교실 밖에서 가르치는 일과 관계없이 이뤄지는 정치 활동은 보장해야 한다.'라고 판단하고 있다.

그러나 교육기본법과 헌법재판소의 판결이 무조건 교사가 학생에게 정치교육을 하지 말라는 것이 아니다. 교육기본법 2조에는 '교육은 홍익인간의 이념 아래 모든 국민으로 하여금… 민주시민으로서 필요한 자질을 갖추게 함으로써…'라고 명시하고 있다. 민주시민교육이 학교 현장에서 제대로 적용되려면, 지식 위주의 교육보다는 교육과정 내에

---

1 A고 사건을 둘러싸고 일부 보수단체나 정치권, 일부 언론에서는 학교가 학생들에게 '정치편향'된 교육을 했다며, 학생들을 정치화하는 교육이 이뤄져서는 안 된다고 주장하고 있다. '학생수호연합'이라는 동아리는 학교 내의 일부 선생님들의 정치편향 교육에 대해 비판적 목소리를 내며, 기자회견 및 교육청에 청원서를 접수한 바 있다.

서 체험을 통해 학생이 학교에서 배우는 앎의 과정과 삶이 일치해야 함은 누구나 인정하고 있다. 교사뿐만 아니라 사회 구성원으로서의 학생의 삶은 그 자체가 정치적 상황에서 자유로울 수 없다.

사회에서 교육제도는 사회구성원의 기본적인 사회화 기능을 담당하기에 교사는 학생들의 삶에 중요한 영향을 미치는 정치 현상에 대해 가르칠 수밖에 없다. 그렇다면 학생에게 정치적 교육을 하는 교사 자신도 정치적 활동의 자유를 누릴 수 있는 시민이어야 하지 않을까? 학교를 교육기관의 한 유형으로만 보지 않고 다양한 연령대의 학생들과 교원, 학부모, 지역주민 등이 상호 소통하는 '작은 사회'로 바라본다면 어떨까?

학교를 하나의 사회로 바라본다면 교사의 수업뿐만 아니라 학교 안, 더 나아가 학교 밖이라 할지라도 학생의 교육활동, 권리와 관련된 영역에서 학생들의 토론과 문제 제기, 대안 제시 등 정치적 의사결정의 참여가 더 활성화되어야 한다. 오히려 학교 사회는 구성원인 학생, 교사, 학부모 등 교육 주체 간 서로의 생각과 가치, 주장을 토론하고 논쟁하며 합의할 수 있는 토론의 광장이 되어야 한다.

다만 교사의 수업 중 정치적 발언이 학생들에게 미치는 영향이 매우 클 수밖에 없는 점을 감안할 때 독일의 '보이텔스바흐 합의' 같은 기준을 설정하여 가이드라인을 제시할 필요가 있다. 교사들이 교육활동 중에 한 정치적 발언은 학생들에게 명시적인 교과성적 뿐만 아니라 잠재적 교육과정에 따른 가치관에도 분명히 영향을 미칠 수 있기 때문이다.

그럼에도 불구하고 보이텔스바흐 합의가 이루어진 독일에서의 많은 정치교육학자들은 수업에서 교사가 자기 입장을 표명하는 것을 주장하는 쪽이 더 우세하다고 한다. 그 이유는 교사가 자기 입장으로 수업에 영향을 주는 것을 원칙적으로 피할 수가 없을뿐더러, 자기 입장을 밝힐 때 비로소 학생들이 교사의 정치적 의견에 비판적으로 대결할 수 있는 기회를 갖기 때문이다. 교사가 자기 견해를 숨긴 채 수업을 진행하는 것이 공개적으로 주제화할 때보다 학생들에게 강압이나 교화의 위험이 더 클 수 있음을 지적한다(심성보 외, 2018).

따라서 교사가 학교 안팎의 문제에 대해 학교사회의 구성원이자 가르치는 사람으로서 교육할 때는 자신의 정치적 견해를 공개적으로 하되, 객관적인 태도를 유지해야 할 필요가 있다. 또한 학생들은 교사의 정치적 견해에 대해 수용, 또는 반박을 할 수 있으며, 학교사회 안에서 자신들의 권리와 관련된 교육활동에 의견을 내고, 자신들의 주장을 뒷받침하기 위해 관련 자료를 조사해보고, 다시 치열하게 토론하고 학교 운영에 정책 제안을 하는 경험을 많이 해봐야 한다. 이러한 경험을 통해 서로의 생각이 다름을 인정하고 존중하는 가운데 학생들은 사회적 공감 역량, 비판능력, 존중과 타협, 앎과 삶이 일치하는 민주시민으로서의 사회적 실천역량을 기를 수 있다.

현대 민주주의 사회는 국민의 다양한 생각을 정책에 반영하기 위한 수단 중 하나로 대의제 방식을 채택하고 있다. 따라서 정책결정 과정에 가장 중요한 역할을 하는 것이 바로 주권을 가진 국민의 생각을 묻는 '선거'라고 할 수 있다. 그렇기에 학교사회 안에서 호모폴리티쿠스로서 학생이 선거에 대해, 학교 안의 정책과 학교 밖의 사회적 문제에 대해 관심을 갖도록 동기유발하는 것은 매우 중요하다.

우리나라 학생들의 투표권 및 시민참여 의향

그렇다면 우리나라 학생들은 정치참여와 선거에 대해 어떻게 인식하고 있을까? 선거제도는 복수정당제도, 언론의 자유와 함께 민주주의의 꽃이라고 여겨질 만큼 현대 민주주의의 역사에서 매우 중요한 역할을 하고 있다.

청소년 헌장 제11조에는 "청소년은 자신의 일과 관련된 정책결정 과정에 민주적 절차에 따라 참여할 권리를 가진다."라고 명시되어 있다. 국가인권위원회에서도 선거의 목적이나 성격에 따라 현재의 선거권 연령 기준을 다르게 정하는 방안이 필요함을 지적한 바 있다. 공직선거법 개정으로 선거권 연령이 기존 만 19세 이상에서 만 18세 이상으로 낮아짐에 따라 학교 정규교육과정 내에서 선거교육을 비롯한 정치교육은 더 중요해졌다.

선거권이 학생들에게 부여되기 전에 우리나라 학생들은 선거, 투표참여에 대해 어떻게 생각하고 있었을까? 다른 나라의 학생들과는 어떤 차이점이 있을지 살펴볼 필요가 있다. 다음 〈표 1〉은 OECD(2015)가 연구한 국가별 학생들의 사회경제적 배경에 따른 투표의향을 조사한 결과이다. 투표의향(intentions to vote)은 시민참여(civic participation)와 함께 시민 개입(civic engagement)의 두 요소 중 하나로 국가별로 민주적인 삶을 예측해볼 수 있는 좋은 지표이다(경기도교육연구원, 2015).

위 표는 OECD 국가 중 일부를 발췌하여 조사한 것이다. 수치가 나와 있는 두 칸 중 위의 칸은 학생들에게 선거권이 부여되었을 때 투표의향을 물어본 것이다. 아래 칸은 사회참여 정도(캠페인, 서명, 집회, 사회참여

<표 1> 사회 · 경제적 배경과 학생들의 투표의향(위) 및 시민참여 수준(아래)

국가	평균	사회·경제적 배경 정도		
		낮음	중간	높음
영국	71.95(투표의향)	59.1	71.84	85.36
	39.24(시민참여)	34.02	39.68	44.60
스위스	70.2	60.78	69.02	82.61
	34.52	28.57	34.62	40.96
체코	49.6	39.16	49.7	63.7
	25.25	23.56	25.35	27.43
멕시코	86.18	83.57	85.18	90.35
	50.19	52.01	49.96	48.1
뉴질랜드	84.4	78.41	85.01	90.64
	45.23	41.39	45.94	48.76
스페인	84.99	81.18	84.29	89.95
	28.85	25.23	29.79	32.06
스웨덴	85.2	77.95	85.99	91.55
	25.41	19.52	25.24	31.2
아일랜드	86.68	80.53	88.44	91.75
	40.48	38.5	39.63	43.58
덴마크	88.82	81.91	89.8	94.75
	22.44	19.05	20.3	28.34
이탈리아	88.14	82.25	88.73	94.25
	39.34	35.13	38.5	45.28
대한민국	86.9	83.12	86.3	91.31
	25.63	19.65	21.58	29.67
OECD평균	78.67	71.6	79.18	85.87
	36.42	33.47	36.31	39.83

단위(%)

동아리활동 등)를 물어본 수치이다.

우리나라의 경우, 선거권 연령이 되었을 때 선거에 참여하여 투표하겠다고 답한 학생들의 비율이 86.9%에 달하는데 이는 OECD 23개국 평균인 78.67%보다 8%p 이상 높은 수준이며, 덴마크, 이탈리아에 이어 최상위 수준에 해당한다.

OECD 국가들의 사회·경제적 배경이 낮은 수준 학생들의 평균은 71.6%, 중간 수준 학생들은 79.18%, 높은 수준 학생들은 85.87%이다. 계층 간 투표의향 격차가 14.2%로 우리나라인 8.2%보다 상대적으로 크게 나타난다. 이는 우리나라 학생들의 투표 참여를 하겠다는 의사가 계층격차에 크게 좌우되지 않음을 의미한다.

아래 칸에 나와 있는 우리나라 학생들의 시민참여의식은 25.3%로 OECD 평균인 36.42%보다 13%p 정도 더 낮게 나타났다. 사회·경제적 배경을 놓고 보면 사회 계층적 지위수준이 높은 학생들이 지위수준이 낮은 학생들에 비해 시민참여의식이 더 높게 나타났다.

따라서 우리나라 학생들의 높은 정치적 참여 성향이 학교 안의 교육과정 속에서 먼저 꽃필 수 있도록 도와야 한다. 먼저 학교 차원에서 학생자치활동이 활발하게 이뤄질 필요가 있다. 작은 활동부터 시작하자. 학생들이 학생회 선거 과정 및 학교 대토론회 등을 통해 학교 의사결정 중 학생생활과 관련이 깊은 정책에 대해 직접 참여하도록 하는 것, 그리고 사회참여 경험을 늘릴 수 있게 학교 안 교육과정과 지역사회의 다양한 단체와 연계하여 민주시민 의식을 높일 수 있도록 하는 것, 그리고 이에 따른 재정적 지원이 필요하다. 현재에는 사회교과서와 민주시민교과서를 통해 참정권과 사회참여 활동에 대해 학교 현장에서 배우고 있지만, 실제 선진국의 사례처럼 보다 체계적인 선거교육이 선거권을 획득한 학생뿐만 아니라 최소한 고등학교 1학년부터 이뤄져야 한다. 이러한 과정을 통해 학생의 주권의식 함양과 시민역량을 제고할 필요가 있다.

외국의 선거교육제도를 통해 우리가 배워야 할 것

우리보다 먼저 만 18세 미만 학생들의 선거권을 인정했던 나라들에서는 학생에 대한 모의선거제도가 활성화되어 있다(이종희, 2017).

독일의 경우, 청소년모의선거(Juniorwahl)는 독일 최대 규모의 학생 대상 프로그램으로 연방총선, 주의회선거, 유럽의회선거에서 실제 선거일 7일 전부터 실시되며, 이를 통해 청소년들은 실제로 선거에 출마한 후보자와 정당에 대해 투표할 권리를 갖는다. 청소년 모의선거에 참여하는 학교는 약 한 달간 후보자 공약집과 토론회 등을 바탕으로 수업을 진행하며, 청소년들은 후보자와 정당의 공약을 비교, 평가한 후 투표한다. 투표는 투표용지를 통한 오프라인 투표와 온라인 투표, 두 가지 방식으로 진행되는데, 선거관리 역시 학생들이 직접 참여하는 방식으로 이뤄진다. 7학년 이상의 학생들을 대상으로 참여 여부는 학생들의 자유선택에 맡겨지고 참가 비용은 무료이다. 1999년부터 시작된 청소년 모의선거는 2017년 9월 기준으로 연방총선 청소년 모의선거에 전국적으로 3,490개 학교가 참여했으며, 총 95만 8,462명의 학생들이 등록하고, 79만 6,332명이 실제로 투표하여 83.1%의 투표 참가율을 나타내었다. 독일 정부는 2022년까지 모든 학교에서 모의선거를 실시하는 것을 목표로 하고 있다.

캐나다의 경우 모의선거 프로그램 'Student Vote'를 운영한다. 학교에서 정식 선거 연령 만 18세 이하인 학생들(4~12학년)을 대상으로 연방선거 등 실제 선거기간 동안 실제 후보자를 대상으로 투표를 한다. 이 프로그램은 정부 인가 비영리 민간단체인 CIVIX에서 맡고 있다. 2003년 온타리오주에서 처음 시작된 이 프로그램은 2015년 10월 19일 선거일을 앞두고 13일부터 16일까지가 학생 투표 주간으로 정해졌다. 연방선거를 앞두고서는 모의선거 참여 규모가 6,662개 교에서 92만 2,000명에 이르렀다고 한다. 이 과정에서 캐나다 선거관리위원회는 투표용지, 투표함, 기표소 등 일체의 투표 수단을 제공했다. 캐나다 선거법은 "선거과정이 학생들에게 잘 알려질 수 있도록 교육 및 홍보 프로그램을 제공할 수 있다"(제17조 1)고 규정하고 있다. 2015년 모의선거에 참여한 학생들의 83%는 '다시 참여할 의향이 있다'고 답했다. 학부모의 90%도 '가족들에게 정치에 대해 더 배울 수 있는 기회를 제공했다.'고 평가했다.

외국의 선거교육에서 배워야 할 점은 선거를 학교 안을 벗어나 지역사회와 시민단체들과 교사가 협력하여 학교 민주시민교육의 중요한 계기로 삼고 있다는 점이다. 단위학교에서 교육과정과 연계하여 선거교육을 체계적으로 진행하는 것은 왜 필요할까? 선거가 일회성의 행사가 아니라 선거에 나온 다양한 후보자들의 정치공약에 대해 분석하고 평가하면서 살아있는 정치에 대해 배우는 좋은 기회가 되기 때문이다.

현재 우리나라의 경우 사회교과에서 선거권 교육을 하고 있지만 지식 위주의 참정권 교육을 넘어서 민주시민으로서의 참정권의 가치와 의의를 체험하는 방식으로 진행할 필요가 있다. 처음 시작되는 선거권 교육이 학교 현장에 혼란을 주지 않고 학생의 민주시민 역량을 길러주려면 교육부, 교육청, 선거관리위원회 등 유관기관을 비롯하여 지역사회, 시민단체, 학교의 교사들이 협력하여 학교의 교육과정과 연계하여 체계적으로 준비해야 한다.

선거가 민주주의의 꽃이라고 하지만 최종적인 투표행위이기에 일상생활 속에서의 시민들의 민주시민 의식과 실천 역량이 더 중요하다고 할 수 있다. 이와 마찬가지로 선거교육은 민주시민교육에 있어 한 부분일 뿐이다. 선거교육은 그동안 교과서 등을 통해 교육과정에서 이론적으로 가르쳐왔다. 실제 선거권을 얻게 된 학생들도 일부분이기에 단위학교에서 선거교육뿐만이 아니라 학생들이 스스로 학교사회의 구성원으로서 학생의 권리와 책임, 배려와 다양한 의견을 존중하고 약속한 것을 실천할 수 있는 삶 속에서의 민주시민교육이 더 중요하다. 다행히 우리나라의 민주시민교육을 비롯한 학교자치 정책은 지속적으로 강화하고 있는 추세다.

학생주권 시대의 과제

교육자치, 학교자치의 출발점과 종착점은 학생자치라고 한다. '자치(自治)'는 자기 일을 스스로 다스린다는 것을 의미한다. 학생자치는 학교 내에서 학생의 일과 관련된 일을 스스로 다스린다는 것이다. 더 나아가 이제는 '학생주권'이라는 개념을 사용하고자 한다. 원래 주권(主權)은 국가적인 개념으로 대내적 최고성과 대외적 독립성을 강조할 때 쓰이는 개념이다. 역설적이게도 역사적으로 16세기, 보댕이 프랑스 왕의 권력을 지지하기 위해 주권이라는 개념을 사용했다. 계몽사상가들의 등장으로 17세기 로크와 18세기 루소는 국가는 시민들 간의 계약에 기초한 것이며, 권력을 정부에게 위임했다는 주권이론을 주창했고 1776년 미국독립선언서에서 인민주권주의로 발전되어 표현되었다(다음백과사전, 2019).

학생주권은 학교라는 공간에서 학생과 관련된 중요한 교육적인 영역에 한하여 중요한 의사결정의 주체로서의 권리가 학생에게 있음을 의미하는 것이다. 물론 주권에는 그만큼의 상응하는 책임이 뒤따른다. 학생들의 권리만을 최우선에 두자는 것이 아니다. 학생주권이 학교 안에서 실현되려면 무엇이 필요할까?

첫째, 학교안에서 민주시민교육과 관련된 중요한 업무는 학생자치 업무이다. 학교마다 학생자치와 학교폭력 업무를 서로 다른 부서에서 맡는 경우도 있지만, 여전히 한 부서에서 학생자치업무와 학교폭력업무를 맡고 있는 학교도 많다. 한 부서에서 두 업무를 같이 맡을 경우 가장 많은 시간이 소요되고 민원의 소지가 많은 업무는 학교폭력업무이다. 2020년부터 학교폭력자치위원회가 학교폭력심의위원회로 바뀌면서 교육·지원청으로 업무가 이관되고 있어 학교의 업무부담이 다소 줄어들 것으로 예상되지만 여전히 학교에서는 학교폭력과 관련한 조서작성과 서류 준비에 신경을 더 쏟아야 한다. 최소한 교사들이 학생자치의 중요성에 중점을 두고 민주시민교육이 이뤄지도록 학생자치업무를 전담하여 맡을 수 있도록 할 필요가 있다.

둘째, 현재 학생자치활동은 학생자치회, 학급자치회의 임원들을 중심으로 일부 학생들이 주도하는 학교행사활동에 초점이 맞춰져 있다. 학생들 스스로 자신의 권리와 책임에 대해 자각할 수 있도록, 일부 학생들의 행사중심의 학생회 활동이 아닌 모든 학생이 교육의 한 주체로서 존중받는 문화가 형성되어야 한다. 가장 작은 단위인 학급자치회에서 학생들 개개인의 의견과 토론과정이 대의원회와 학생자치회의 의사결정 과정에서 어떻게 반영되는지가 나타나야 한다. 무엇보다 학급자치회의 의견이 학급 내에서 반영될 수 있도록 학교가 귀 기울여야 하고, 실제 대의원회를 통해 학생자치회의 정책으로 반영할 필요가 있다.

셋째, 학생자치회 활동을 하는 중요한 이유 중의 하나가 학교생활기록부에 기재가 되기 때문이다. 학생자치회 활동이 교육과정상 활동이므로 당연히 학교생활기록부에 기재가 되어야 하지만 주객전도가 되는 경우가 많다. 특히 학교급이 높아질수록 학생자치회 활동은 입시를 앞둔 학생들에게 공부할 시간을 빼앗기는 부담이 되는 활동이거나 생기부에 기재되는 스펙의 활동 중 하나로 여겨지기가 쉽다. 학생자치회가 일상 속에서 학생들의 자연스러운 학생문화의 하나로 자리잡고, 자치회의 활동을 통해 학생들 자신의 존엄과 권리, 책임의식을 가지는 기회가 될 수 있도록 인식의 변화가 필요하다.

넷째, 수업과 교육과정에서 학생주권을 회복해야 한다. 학생들이 가장 많이 시간을 보내고 있는 수업을 들여다보자. 최근 강조하고 있는 학생주도형 교육과정, 성장중심평가 등의 정책 흐름은 결국 수업과 교육과정, 평가의 수동적 객체였던 학생을 능동적 주체로 전환하자는 의미가 있다. 중등교육단계 이상에서는 교육과정-수업-평가의 단계에서 점차 학생들이 참여할 뿐만 아니라 학생들이 스스로 배우고 싶은 수업을 교사와 같이 기획할 필요가 있다. 많은 현장의 선생님이 전체적인 수업의 기획 의도와 과정, 평가과정에 있어서 전반적인 틀을 세워놓고, 학생들과의 소통을 통해 수업방법에 대한 의견과 평가 등을 같이 공감하고 수업을 하고 있다. 여기서 한발 더 나아가 교육과정과 수업 속에서 내용뿐만이 아니라 교육과정과 수업의 절차에서도 학생들과의 소통을 통해 교사가 촉진자(Facilitator)로서의 역할로, 가르치는 자에서 같이 고민하고 배우는 자로 인식을 조금씩 변화할 필요가 있다. 이를 위해 교육청에서도 정책의 개발과 연수를 통해 도움을 줘야 한다.

마지막으로 학교를 넘어 지역사회로 학생주권이 확장되어야 한다. 현재 시·도교육청에서 시행하고 있는 청소년교육의회의 조례 제정 및 정책발표회와 지역과 연계한 청소년자치 배움터인 몽실학교가 주최하고 있는 '학생-아동 정책마켓'이 좋은 사례가 될 수 있다. 학생들이 스스로 학교 안팎의 사회문제에 대해 고민하고 학생들의 관점에서 바라보는 정책대안을 정책과 관련된 지자체와 교육청 등에 제시하고 있다. 법률을 찾고 해결하기 위해 노력한다. 더 나아가 학생들의 관점에서 바라보는 정책대안을 제시하여 시의회, 교육청, 자치단체에 건의하고 있다.

예를 들어 ○○지역 내에 학교 밖 청소년 쉼터가 부족하다는 문제점을 가지고 '○○시 청소년쉼디 설치 및 운영에 관한 조례'를 제정하여 ○○시 의회와 연계하여 실제 정책적 보완을 하기 위해 협의 중이다.

몽실학교의 정책마켓 발표 사례 중 하나를 소개하면 '버스 신호등'

이라는 정책 제안이 있다. 정책을 제안한 학생은 많은 사람이 버스를 기다리다 놓치거나 장애인과 노약자분들이 버스가 오는 것을 제대로 인지하지 못해 버스를 놓치는 사례를 보고 정책을 제안했다고 한다. 버스정류장 안내판에 버튼을 설치하여 기다리는 손님이 누를 경우 각 버스 안에 초록색 신호등이 켜지게 되고 승객이 없을 경우 빨간색 버튼이 켜진다. 이 제안은 '승차 벨'이라는 이름으로 경기도에서 최초로 실현되게 되었다.

앞으로 학생선거권 연령이 확대됨에 따라 학교 현장은 선거교육을 비롯하여 학생들과 교사의 행동과 발언 등이 선거법에 위반되는지 여부 등 더 조심해야 할 것들이 많아질 것이다. 법령을 비롯한 제도의 변화도 중요하지만, 무엇보다 단위학교에서의 학교문화, 교사의 학생에 대한 관점과 태도, 학교장의 교사와 학부모에 대한 인식 등이 조화롭게 이뤄져야 한다. 그리고 교육청을 비롯한 교육 당국은 학교의 어려움을 이해하고 지원하기 위해 더 세심히 현장의 목소리에 귀 기울여야 한다.

학생주권시대는 학생의 인권, 학습권만을 앞세우는 것이 아니다. 학교사회 안에서 그리고 학교를 넘어선 지역사회와 연결하여 교사, 학부모, 지역주민이 학생을 동등한 교육의 주체로 인정하는 데에서 출발해야 한다. 학생들이 자신의 올바른 권리와 책임, 자신을 넘어 이웃과 지역사회의 문제에 관심을 가지고 해결하려고 노력하는 모습을 교육공동체가 같이 성찰하고 아낌없이 지원할 때 학생들은 성숙한 민주시민으로서 성장할 수 있을 것이다.

참고문헌

* 경기도교육연구원(2015). 통계로 보는 교육정책.

* 경기도교육청(2020). 민주시민교육정책계획.

* 김준형(2016). 『내 한표에 세상이 바뀐다고?』, 서울: 비룡소.

* 심성보, 이동기, 장은주, 케르스틴 폴(2018). 『보이텔스바흐 합의와 민주시민교육』, 서울: 북멘토.

* 이종희(2017). 청소년의 정치참여 확대 및 활성화방안 토론문, 진선미의원실 · 한국청소년 정책연구원 주최 선거연수원 후원 세미나 자료집.

3. 법으로 살펴보는 학생의 자치와 참여

교육 현장에서 이루어지는 활동들은 정책, 공문 등 근거를 바탕으로 실행된다. 이 근거가 되는 것은 관련 법령이나 대통령의 국정과제, 교육감의 공약이 대표적이다. 따라서 학생자치와 관련된 법령, 정책을 살펴보는 것은 학생자치활동의 뿌리를 이해하고, 향후 학생자치의 발전 방향을 모색하는 데 도움이 된다.

학생자치의 법적 근거

법령이란, 법률과 명령의 줄임말이다. 좁은 의미로는 국회에서 제정하는 법률과 그 하위규범인 시행령, 시행규칙 등을 뜻한다. 넓은 의미로는 지방자치단체의 조례, 규칙 등 각종 법의 형식을 일컫는 말로도 쓰인다.

학생자치의 법적인 근거는 무엇일까? 우리나라 교육과 교육제도에 대한 기본적인 사항을 규정하는 법률은 '교육기본법'이다. 교육기본법에서는 교육의 목적과 학생이 학교 운영에 참여할 권리에 대해 다음과 같이 말하고 있다.

교육기본법 제2조(교육이념)
교육은 홍익인간(弘益人間)의 이념 아래 모든 국민으로 하여금 인격을 도야(陶冶)하고 자주적 생활능력과 **민주시민으로서 필요한 자질을 갖추게 함**으로써 인간다운 삶을 영위하게 하고 민주국가의 발전과 인류공영(人類共榮)의 이상을 실현하는 데에 이바지하게 함을 목적으로 한다.

교육기본법 제5조(교육의 자주성 등)
② 학교 운영의 자율성은 존중되며, 교직원·학생·학부모 및 지역주민 등은 법령으로 정하는 바에 따라 **학교 운영에 참여할 수 있다.**

교육기본법 제2조는 교육의 목적을 민주시민으로서 필요한 자질을 갖추게 하는 것이라고 말한다. 학생의 자치활동은 참여와 실천을 바탕으로 시민적 효능감을 높일 수 있는 민주시민교육의 효과적인 방법이다. 자치활동은 민주주의 원리에 대한 지식과 이해, 타인을 존중하는 시민적 관용, 공동체를 위한 참여와 실천, 문제해결을 위한 대화와 토론·연대 등 시민에게 요구되는 자질을 함양할 수 있도록 도와준다.

교육기본법 제5조는 학생이 학교의 정책결정 과정에 참여하는 기초 근거가 된다. 이에 따라 '학생회'에서 학생들의 의견을 수렴하여 학교장과의 간담회 등을 실시할 수 있고 학생 의견을 학교 운영에 반영할 수 있다. 학생들은 학교의 각종 위원회에 참여하여 의견을 개진할 수 있는데, 학교마다 이름은 조금씩 다르지만 교육과정위원회, 교복선정위원회, 급식소위원회 등이 대표적인 예이다. 여기서 학생들의 의견을 바탕으로 학사일정과 교육과정을 수립하거나 학생생활규정을 제·개정하고 교복 등 학생 생활과 밀접한 영역들을 결정할 수 있다.

다음으로 우리나라 초·중·고등학교 교육에 관한 기본 법률인 초·중등교육법을 살펴보자.

초·중등교육법 제17조(학생자치활동)
학생의 자치활동은 권장·보호되며, 그 조직과 운영에 관한 기본적인 사항은 학칙으로 정한다.

초·중등교육법에서는 '학생의 자치활동'이라는 용어를 직접적으로 명시하고 있다. 하지만 약 11,000여 개의 초·중·고등학교에 다니는 약 540만 명의 학생들이 학교의 주인이자 자율적인 시민으로 자라가는 데 필요한 내용치고는 상당히 빈약하다고 할 수 있다. 특히 권장·보호라는 간단하지만 애매한 용어는 권장·보호하지 않아도 아무런 문제가 생기지 않아 학교 현장에서 작동하기 어려운 이유가 된다.

학생자치활동 관련 조항은 1949년 제정된 후 48년간 유지되었던 「교육법」이 폐지되고, 1997년 「초·중등교육법」이 제정되면서 처음으로 신설되었다. 하지만 그 이후로 20년이 넘게 실질적인 개정이 없이 그대로 유지되어 오고 있다.[1] 지방자치와 교육자치 등 민주주의의 발전을 반영하기 위한 어른들의 자치는 여러 차례 관련 법률이 개정되며, 무수한 논의를 거쳐 왔지만 하루의 절반 또는 대부분을 학교에서 공부하고 생활하는 학생들을 위한 자치활동 조항은 겨우 한 줄로 규정된 채 수십 년째 잠을 자고 있는 것이다.[2]

초·중등교육법 시행령은 조금 더 자세한 내용을 안내하고 있다. 시행령은 법률로 규정한 사항을 세부적으로 정하고 있는데, 이는 대통령이 할 수 있는 명령으로 정부 부처에서 만들고 있다.

초·중등교육법 시행령의 학생자치활동에 관한 내용은 다음과 같다.

초·중등교육법 시행령

제9조(학교규칙의 기재사항 등)

① 법 제8조의 규정에 의한 학교의 학교 규칙에는 다음 각호의 사항을 기재하여야 한다.

8. 학생자치활동의 조직 및 운영

제30조(학생자치활동의 보장)

학교의 장은 법 제17조의 규정에 의한 학생의 자치활동을 권장·보호하기

---

[1]   2012년 법문의 한글사용 등에 따른 정비 차원에서 한 차례 개정되었을 뿐 내용상 변화는 없음.

[2]   유은혜 의원실(2013). 중·고등학교 학생자치활동의 현실진단과 개선방안 모색, 국정감사 정책 자료집.

위하여 필요한 사항을 지원하여야 한다.

제59조의 4(의견 수렴 등)

　② 국·공립학교에 두는 운영위원회는 다음 각호의 어느 하나에 해당하는 사항을 심의하기 위하여 필요하다고 인정하는 경우 학생 대표 등을 회의에 참석하게 하여 의견을 들을 수 있다.

　　1. 법 제32조 제1호, 제6호 또는 제10호에 해당하는 사항

　　(1호) 학교 헌장과 학칙의 제정 또는 개정

　　(6호) 정규학습시간 종료 후 또는 방학 기간 중의 교육활동 및 수련활동

　　(10호) 학교급식

　　2. 그 밖에 학생의 학교생활에 밀접하게 관련된 사항

　③ 국·공립학교에 두는 운영위원회는 국립학교의 경우에는 학칙으로, 공립학교의 경우에는 시·도의 조례로 정하는 바에 따라 학생 대표가 학생의 학교생활에 관련된 사항에 관하여 학생들의 의견을 수렴하여 운영위원회에 제안하게 할 수 있다.

제64조(학교발전기금)

　② 발전기금은 다음 각호의 목적을 위하여 사용한다.

　　4. 학생복지 및 학생자치활동의 지원

　　시행령 제9조는 학교규칙에 학생자치활동의 조직 및 운영에 대한 것을 기재하여야 한다고 말한다. 제30조는 법률에 의한 학생자치활동에 필요한 사항을 지원하여야 한다고 말한다. 하지만 '필요한 사항'의 개념이 모호하고, '필요한 사항'의 주어가 빠져 있다. 또한 그에 대한 예

산이나 행정 등 구체적인 사항은 드러나 있지 않다. 시행령은 법에서 다루지 못하는 세부적인 내용을 담아야 하지만 현실은 그렇지 못하다. 해당 조항은 1998년에 제정된 이후 화석화된 조항이 되어버렸다.

그 밖에도 제59조는 학생이 학교운영위원회에 참여할 수 있는 근거를 설명하고 있으며 제64조는 학교발전기금을 학생자치활동을 지원하는 용도로 사용할 수 있다고 밝히고 있다.

법령상 보장된 학생의 권한임에도 불구하고 아직 대다수 학교는 이런 내용이 있는지 모르는 경우가 많고, 알고 있더라도 실질적으로 이를 활용하지 않고 있다. 학생들의 학운위 참여를 보장하는 학교에서조차도 대부분이 회의 참관 수준에 머무르고 있으며 학생 대표 등이 적극적으로 의견을 제출하거나 안건을 제안하는 경우는 많지 않다. 이마저도 연 1~2회 정도의 이벤트성에 그치고 있다. 제한적이나마 심의 또는 자문[3]을 담당하는 학교의 중요 기구에 학생들이 참여할 수 있는 길을 열어줌으로써 작은 변화를 만들어가고 있다는 측면에서 긍정적이라 할 수 있다. 하지만 해당 조항이 의무 규정이 아닌 임의 규정으로 구속력이 없고, 학교장의 재량에 달린 한계가 있다. 또한 사립학교 운영위원회는 자문기구로, 실질적인 심의 기능이 없으며 위 시행령에도 적용되지 않기 때문에 상당한 한계가 있다.[4]

---

3   심의는 해당 사항에 대해 심의를 받을 의무가 생기는 것으로 심의 결과와 다른 결정을 할 수는 있지만, 이 경우 정치적 부담이 생기게 된다. 반면 자문은 특별한 규정이 없는 한 자문 내용의 수용 여부, 시기, 대상 등을 자문기구를 두는 사람이 정하게 된다.

4   김요섭 외(2019). 『학교자치2』. 서울: 테크빌교육.

이 밖에도 조례 수준에서 학생자치를 보장하려는 노력이 늘어가고 있다. 조례란 지방의회의 의결에 의해 제정되는 자치입법의 하나이다. 헌법 117조는 지방자치단체에 자치입법권을 부여하고 있다. 이러한 조례는 법령의 범위 안에서 지방자치단체의 사무에 한하여 제정된다. 조례는 지자체단체장, 지방의원, 교육감 등이 발의할 수 있고, 지방의회 의결을 거치게 된다. 또한 지방교육자치에 관한 법률 제25조는 교육감의 교육규칙 제정권을 보장하고 있다.

학생자치활동과 관련해서는 서울, 충남, 부산교육청이 학생자치를 지원하는 조례를 제정하였다.[5] 그 외에도 서울, 광주, 경기, 전북 지역의 학생인권 조례와 학교자치 조례 등에 학생자치와 관련된 조항들이 포함되어 있다. 해당 조례에는 학생자치활동에 관한 교육감의 책무, 관련 계획의 수립, 지원위원회의 설치, 연수 관련 내용을 언급하고 있는데, 시·도교육감의 관심과 의지에 따라 최근에 확대되어가는 추세이다. 상위 법령이 학생자치활동의 권장·보호라는 애매한 표현만을 하고 있는 상황에서 시·도별 조례의 제정은 의미가 있다고 할 수 있다.

학생회 법제화를 꿈꾸며

학생회를 비롯한 학생의 자치조직은 학생들의 자주적인 능력을 향상시키고, 토론과 참여를 바탕으로 하는 민주시민의 자질을 기르는 데 필

---

5   2020년 2월 기준. [부록] 참고.

수적이다. 현재 학생의 자치활동은 법으로 권장·보호되고 있지만, 엄밀히 말하면 '학생회'는 법적인 기구는 아니다. 현행 법령에서는 학생회 설치를 학교운영위원회와 같이 직접적으로 명시하고 있지 않다. 학생의 자치활동에 관한 사항을 법률로 규정하여 자치기구의 활성화를 도모하고 학생의 교육활동과 학교 운영 시 필요한 의사결정에 참여하도록 제도적으로 보장하는 것은 학교 운영의 민주성을 높일 수 있다. 학생들의 자치활동에 대한 교내외의 부당한 간섭과 압력을 줄이고 학창시절부터 참여와 자치의 원리로 책임 있는 생활태도를 익히는 것은 매우 중요하다. 또한 학생회의 활동을 법적 기구의 활동으로 보느냐, 교육활동의 일환으로 보느냐는 큰 차이가 있다.

이제는 학생회를 법적 기구로 격상하는 것이 필요하다. 교육기본법과 초·중등교육법은 학생들의 학교 운영 참여와 학생자치활동에 대해 선언적으로 규정하고 있으나 근본적인 활성화에는 한계를 가지고 있는 것이 현실이다. 이는 포괄적인 규정을 제시하고 있어 지원 내용이 구체적이지 않고, 지역과 학교별로 학생회 활동을 지원하는 편차가 상당히 커서 학생 참여의 보편적 권리 보장이 미흡하다. '학생회'의 법적 기구화 및 지원 내용의 구체화·의무화로 실질적인 학생자치를 활성화할 필요가 있다. 학생회가 학교장과 학교운영위원회에 의견을 제시하고 학교는 이를 위한 유의미한 조치를 함으로써 학생회의 역할을 정립하고 그 권리를 보장해야 한다.

일부에서는 대학에서도 학생자치기구에 관한 사항은 학칙에서 정하도록 위임하고 있기 때문에 더 이상의 조치는 필요하지 않다고 말한다. 하지만 초·중·고등학교 학생들의 민주시민의 자질 함양을 위해서는 자치활동의 경험과 충분한 지원이 필요하다. 학생회의 법제화는 제도와 문화가 맞물려 갈 수 있도록 하는 초석이 될 것이다.

이러한 한계를 극복하고자 국회에서는 지난 2005년부터 관련법의 개정안이 발의되어 왔다. 2005년 열린우리당 구논회 의원, 2013년 민주통합당 유은혜 의원, 2017년 더불어민주당 권미혁 의원 등이 대표적이다. 17대 국회 당시 구논회 의원 등이 해당 법률 개정안을 제출하였을 때만 해도 일부 언론에서는 학생들이 특정 교원단체의 전위부대가 될 것이라는 보도가 나오기도 했다. 여러 정치적인 상황으로 당시 노무현 대통령의 공약이던 학생회 법제화는 그렇게 좌초되었고, 15년 넘게 상황은 변하지 않았다.

[구논회 의원 안 (2005. 12.)]
초·중등교육법 제17조(학생자치활동)
① 학생의 자치활동은 권장·보호되며, 그 조직 및 운영에 관한 기본적인 사항은 대통령령으로 정한다.
② 제1항의 규정에 따른 학생의 자치조직은 제31조의 규정에 따른 학교운영위원회에 학생의 자치활동 및 학교생활에 필요한 사항을 제안 및 건의할 수 있다.
③ 학교의 장은 제1항의 규정에 따른 학생의 자치활동을 위하여 필요한 사항을 지원하여야 한다.
제17조의2(학생회)
① 학교에 제17조 제1항의 규정에 따른 학생의 자치활동을 위하여 그 자치조직으로서 학생회를 둔다. 다만, 중학교와 고등학교를 제외한 학교는 당해 학교에 설치되어 있는 학교운영위원회의 심의 또는 자문을 거쳐 학생회를 두지 아니할 수 있다.

② 학교장은 제1항의 규정에 따른 학생회가 학칙 중 학생회에 관한 사항이나 학생들의 학교생활에 관한 제반 규정의 제·개정시 적극적으로 참여하는 방안을 강구하여야 한다.

③ 제1항의 규정에 따른 학생회의 기능·구성 및 운영 등에 관하여 필요한 사항은 대통령령으로 정한다.

[유은혜 의원 안 (2013. 12.)]

초·중등교육법 제17조(학생자치활동)

① 학생의 자치활동은 권장·보호되며, 학생의 자치활동에 있어서 독립성과 자율성은 존중·보장되어야 한다.

② 학생의 자치활동을 활성화하고 학생의 복지와 권리를 증진하기 위하여 학생회 등 학생자치기구(이하 "학생자치기구"라 한다)를 설치·운영할 수 있다.

③ 학생자치기구는 학생의 학교생활과 관련된 다음 각호의 사항에 관하여 학교 또는 학교운영위원회에 의견을 제시할 수 있으며, 학교 또는 학교운영위원회는 그 의견을 존중하여야 한다.

   1. 학생자치기구의 활동 지원에 관한 사항
   2. 학생의 복지증진에 관한 사항
   3. 학교 운영에 관한 제안 및 건의 사항
   4. 그 밖에 대통령령으로 정하는 사항

④ 학교의 장은 학생자치기구의 설치·운영에 사용되는 경비 등 필요한 사항을 지원하여야 한다.

⑤ 학생자치기구의 설치와 운영에 필요한 사항은 대통령령으로 정하는 범위에서 학칙으로 정한다.

[권미혁 의원 안 (2017. 5)]

초·중등교육법 제17조(학생자치활동)

① 학생의 자치활동은 권장·보호된다.

② 제1항에 따른 학생의 자치활동을 활성화하고 학생의 복지와 권리를 증진하기 위하여 학교에 학생총회 등 학생자치기구(이하 "학생자치기구"라 한다)를 <u>둔다.</u>

③ 학생자치기구는 학생의 학교생활과 관련된 다음 각호의 사항에 관하여 학생들의 의견을 <u>수렴할 수 있다.</u>

　1. 학생자치기구의 활동 지원에 관한 사항

　2. 학생의 복지증진에 관한 사항

　3. 학교 운영에 관한 제안 및 건의 사항

　4. 그 밖에 대통령령으로 정하는 사항

④ 학생자치기구는 제3항 각호의 사항에 관하여 학생들의 의견을 수렴하여 제31조에 따른 학교운영위원회에 의견을 제시할 수 있다.

⑤ 학교의 장은 학생자치기구의 설치 및 운영에 필요한 경비를 지원할 수 있다.

⑥ 학생자치기구의 설치·운영 및 지원 등에 필요한 사항은 대통령령으로 정하는 범위에서 학칙으로 정한다.

　최근에 발의된 법안으로는 2019년 11월, 더불어민주당 박경미 의원 안이 있다. 박경미 의원 안은 학생자치기구인 학생회 설치를 명시하고, '학생회'의 학교장 또는 학교운영위원회 대상 의견 제시 권리를 보장하고 있으며 공간과 예산 배정의 의무화를 담고 있다. 지난 발의안들이 '~할 수 있다.'의 임의조항을 많이 포함하고 있는 반면 박경미 의원 안은 비교적 각 영역에서 체계적인 의무 조항들을 담고 있다고 할 수 있다.

[박경미 의원 안 (2019. 11.)]

초·중등교육법 제17조(학생자치활동)

① 학생의 자치활동은 권장·보호된다.

② 학생의 자치활동을 활성화하기 위해 학교에 학생회를 **둔다.**

③ 학생회는 다음 각호의 사항에 대해 학생들의 의견을 수렴하고, 학교의 장 또는 제31조에 따른 학교운영위원회에 의견을 제시할 수 있으며, 학교의 장은 그 의견을 반영하기 위해 필요한 조치를 **취하여야 한다.**

　　1. 학생회와 학생자치활동 지원에 관한 사항

　　2. 학생생활과 학교 운영에 관한 제안 및 건의 사항

　　3. 그 밖에 학칙으로 정하는 사항

④ 교육감 및 학교의 장은 학생회 설립·운영에 필요한 **공간과 예산을 지원하여야 한다.**

⑤ 학생회의 설립·운영 및 지원에 관한 기본적인 사항은 국립학교의 경우에는 교육부령으로, 공·사립학교의 경우에는 시·도의 조례로 정하되, 구체적인 사항은 학칙으로 정한다.

　　여러 어려운 상황에서도 학생자치를 활성화하기 위한 입법 노력이 지속되고 있음을 알 수 있으며 실질적으로 개정안이 통과되기 위해서는 교육주체들의 관심이 더욱 요구된다. 학생들의 선거권이 보장되는 학생주권의 시대에 학교 내 자치권이 보장되지 않는 아이러니한 현실 앞에서 이제는 20년 넘게 멈춘 시계를 움직여야 한다.

참고문헌

* 교육부(2019). 학생시민성장안내서, 교육부·17개 시·도교육청.
* 국가법령정보센터(www.law.go.kr, 2020. 2. 기준).
* 김요섭 외(2019). 『학교자치2』 서울: 테크빌교육.
* 유은혜 의원실(2013). 중·고등학교 학생자치활동의 현실진단과 개선방안 모색, 국정감사 정책 자료집.

4. 학생자치의 다양한 시선과 정책 돋보기

혁신교육 10년의 흐름을 바탕으로 미래교육의 대응과 함께 학교혁신이 새 국면을 맞이하면서 새로운 과제와 도전을 마주하고 있다. 특히 학교 구성원의 자율적 역량을 강조하는 학교자치는 혁신교육의 지속가능성과 질적 심화를 담보하는 선제적 정책이라 할 수 있다. 혁신 태동기부터 교육개혁은 민주적 학교문화 조성의 토대에서 본질적 혁신이 가능하다고 여겼다. 그러한 공감으로 교육공동체가 비전을 공유하고 수평적 의사소통으로 상호 존중하는 행복한 학교 만들기에 집중하여 의미 있는 성과를 이루어냈다. 그러나 다른 한편으로 교육주체의 명목적 참여로 민주성의 원리가 삶의 양식으로 환원되지 못한 채 현재의 학교자치는 근원적 질문을 던지며 새로운 대안을 모색하고 있다.

진정한 학교자치가 실현되기 위해서는 교육공동체가 학교 운영이나 교육활동 전반에 걸쳐 민주적으로 참여할 수 있는 학교 시스템이 마

련되어야 한다. 교사, 학생, 학부모, 지역사회 등 교육공동체가 주체로
되어 단위학교에 자율성을 부여해야 한다. 특히 학생이 학교구성원의
주체로 자기 삶의 문제를 능동적으로 해결하는 자치 역량은 학교자치
의 초석이 되고 있다. 그런 면에서 학생자치는 학교자치의 핵심 열쇠이
다. 이에 진정한 학생자치 실현을 위한 학교 현장의 정서와 다양한 시선
을 살펴보고자 한다.

　학생자치란 무엇일까? 교육부(2019)는 '학생들이 교육의 주체로서
민주주의에 대한 이해를 바탕으로 교육활동과 의사결정에 주도적으로
참여하여 민주시민의 자질과 태도를 함양하는 모든 활동'이라고 말한
다. 학생자치활동은 학생 스스로 민주시민이 되는 과정을 만들어가는
것으로 민주시민교육을 지식으로 이해하는 것뿐만 아니라 참여와 실천
으로 이어지도록 도와주는 것이다. 학교 안팎의 다양한 문제를 해결하
는 과정에서 서로 다른 의견을 이해하고 갈등을 해결하는 협력적 활동
을 경험한다는 것이다.
　송지훈(2018)은 학생자치의 정의를 세 가지 관점에서 정리하였는
데 우선 철학적 관점에서는, 학생들이 학교생활을 하면서 자신의 삶에
대한 의사결정을 스스로 할 수 있도록 지원하고, 환경을 제공해야 한다
는 교육 목표를 학교 구성원이 인식하고, 이를 공유하는 과정이라고 하
였다. 사회적 관점에서는, 학생들이 학교생활을 유지하기 위해 만나는
모든 구성원과 우호적인 관계를 통해 즐겁고 행복한 삶을 살아갈 수 있
도록 의사소통 능력 및 배려, 공감 등의 소양을 함양시키는 과정으로 보
았다. 교육적 관점에서는, 학생들이 자신의 삶과 관련지어 학교에서 학

습할 수 있는 모든 교과와 비교과 활동에 참여함으로써 스스로 인격을 함양해 나가는 과정이라고 밝히고 있다.

학교자치의 요체인 학생자치는 혁신교육 초기부터 주창해온 학교 민주화의 꽃이었지만 여전히 학생을 보호와 계도의 대상으로 여기는 인식이 일반적이다. 학생들이 교육 주체로서 학교의 현안 문제를 스스로 기획하고 역할 분담을 통해 자율적으로 해결하는 괄목할 만한 성과를 내었지만 대부분 학생자치활동은 우수사례 모방이나 교육청 매뉴얼 따라 하기 등 안정적 활동을 답습하는 경향이 있었다. 이는 학생자치 활동이 간헐적 행사나 이력 쌓기 중심의 형식적 참여에 머문 채 교실 안팎에서 만나는 상시적 교육활동으로 민주성을 체득하지 못했기 때문이다. 즐겁기도 하고 고단하기도 한 경험 뒤의 짜릿한 깨달음을 제대로 못 본 셈이니 늘 바쁜 학생들은 자치활동에 구미가 당기지 않는다.

반면에 자치활동이 잘 되고 있는 학교는 '학생을 어떤 존재로 바라보는가'라는 철학적 질문으로 시작하며 그에 따라 학교교육과 학생 권리 존중 양상이 달라질 수 있다. 학생을 책임 있는 삶을 영위해 가는 존재로 인정하며 교사와 학생의 관계가 동등하고 학생을 학교 운영의 주체로 지원하는 학교는 학생에게 보다 많은 도전 기회를 부여하며 성장의 발판을 마련하고 있다.

마법사의 꾐에 빠져 위기에 처한 주인공을 구하기 위해 램프의 요정부터 불러내어 뚝딱 문제를 해결해주는 시대는 지났다. 동굴의 삶이 지연되더라도 위기에 대처하기 위해 모의하고, 이리저리 시도하다 겪은 실패에서 오히려 힌트를 얻으며 자기 효능감을 가진 주인공은 인생사에서 만나는 굴곡을 거뜬하게 다스릴 수 있다.

이런 좌충우돌 가치 혼돈의 현장에서도 무더위의 땡볕, 한겨울의 시린 추위를 가리지 않고 자신이 가진 장점으로 세상을 이롭게 하려는 참살이 학생주도 활동이 소소하게 이어지고 있다. 10대의 웃음은 유난히 투명하고 건강하다. 만나면 까르르 웃음부터 번지며 세상 뒤집어 보기로 즐거운 반란을 준비하는 학생들에 대해 각 교육 주체인 학생, 교사, 학부모는 어떤 제스처를 취하고 있을까?

학생이 말하는 학생자치

해마다 자율과 자치의 새로운 학교 문화를 구현하기 위해 단위학교 민주성을 진단하는 학교 민주주의 지수 통계를 보자면 교육 주체별로 민주성에 대한 인식이 제법 다르다. 학교 민주주의 지수를 학교문화 진단과 해법 찾기 차원에서 모니터링하건대, 대동소이하게 학교 민주성에 대한 학생들의 인식은 해마다 유사했다. 학교문화 진단 설문인 '우리 학교가 민주적 가치체계를 형성하고 공유한다'는 질문에 학생의 긍정적 답변도가 다른 교육 주체들에 비해 낮았다. 또한 '우리 학교에서 자신이 존중받고 있으며 평화적으로 갈등을 해결하려고 노력한다'에 대해서도 교육 주체 중 학생의 긍정적 답변도는 가장 낮았다. 이 통계치를 통해 여전히 학교에서 학생들은 수직적 질서 안에서 자신이 간섭받고 통제된다고 여기며 갈등 상황이 발생했을 때 평화적 문제해결을 위한 학교의 노력이 부족하다고 여기고 있다. 반면에 학부모는 학교문화의 민주성에 대한 긍정적 인식도가 가장 높았다.

〈표 2〉 2019 ○○고등학교 학교 민주주의 지수 결과(부분)

대분류	중분류	소분류	경기도 전체지수 (평균)	소속 교육 지원청지수 (평균)	학교 지수 (종합)	교육주체별 지수		
						학생	학부모	교직원
학교 문화	민주적 가치체계의 형성과 공유	민주적 가치의 형성	77.79	77.87	77.73	68.84	84.56	79.79
		가치의 공유와 평가	80.85	80.55	83.17	-	86.03	80.32
	민주적 소통과 수평적 관계 맺기	상호 존중과 소통	77.4	77.28	79.59	70.89	83.82	84.04
		평화적 갈등 해결	74.99	74.9	78.08	68.84	84.56	80.85
	인권친화적 학교문화	학생 인권 존중	80.09	80.3	76.83	60.62	85.29	84.57
		교권 보호	76.6	76.15	74.78	75	86.03	63.3
		책임의식	79.27	79.29	78.42	71.23	85.29	78.72
	자기평가(학교문화)		84.73	85.13	84.52	79.79	92.65	81.12
	자율선택문항 (학교문화) [타인의 권리존중] 우리 학교 구성원들은 상호 간의 권리를 존중한다.		83.98	82.98	-	-		82.98

학생들은 자치활동을 통해 자신의 의견이 학교와 교사에 의해 지속적으로 외면당하는 경험을 하게 되면 학생자치에 대한 기대감이 낮아지고 점차적으로 무기력 증상을 보인다고 말한다. 바쁜 틈을 짜내어 학생들끼리 의견을 모아 학교의 불편한 점에 대해 건의를 했는데 반영되지 않을 것이라는 불신감은 앞으로의 학교 활동에 있어 낮은 참여 의

식으로 이어진다. 이러한 부정적 선행 경험은 학교에 대한 전반적 반감으로 전이되거나 학생 활동이 침해되더라도 시간 낭비로 여겨 별다른 문제의식을 못 느끼거나 주체성 부족, 책임의식 결여라는 문제를 낳을 수 있다.

학생자치활동 마당에서 학생들은 이렇게 말한다.

"일단 배가 산으로 가든, 제 방향으로 잘 가든 믿어주는 지지가 필요하다. 처음에는 학생들을 믿고 맡기는 선생님도 활동의 내용이 미미하거나 갈등 상황이 생기면 즉각 개입하여 대신 문제를 해결하려 한다. 그러면 일단 마지막 보루가 무너진 느낌이고 평소 학생 활동에 대한 애정과 지원을 아끼지 않는 선생님도 그럴듯하게 보이기 위한 활동을 우선시하며 대리 결정하는 장면에서 이게 무언가라는 생각이 든다. 겉으로는 학생자치활동이 이뤄지는 것 같지만 실제는 허수아비 같은 역할을 할 때가 많다."

어찌 보면 학생들의 자치와 자율의 성숙도가 낮은 것은 실패가 보장된 경험과 훈련이 자주 주어지지 않았기 때문이다. 경험을 해야 필요가 생기고, 필요가 생기면 실천 의지가 생긴다. 학교에서 만나는 수많은 상황 속에 참여하며 자신의 권리를 지키고 타인을 존중하는 경험이야말로 민주사회 시민으로 정치성을 미리 연습하는 것이다.

교사는 왜 기다림에 익숙하지 못할까? 어떤 조급함에 학생들을 배제하는가? 학교가 성장의 공간이 되기 위해서는 자기 생각을 가진 주체적인 학생이 다른 이질적인 존재들과 일상적으로 부딪치고 만나는 공간이 되어야 한다. 학생자치활동이 더디게 운영되는 원인을 함께 찾고 부족한 부분을 스스로 메울 수 있도록 도와주는 촉진자로서 교사와 학교가 해야 할 역할은 무엇일까? 반짝이는 질문에 현명한 답변을 할 차례이다.

교사가 말하는 학생자치

학교 현장에서 학생자치활동을 담당하고 있는 교사는 어떤 점을 어려워하고 무엇이 필요한지 살펴볼 필요가 있다. 다음은 학생자치활동을 담당하고 있는 학교급별 교사들의 의견을 종합하여 재구성한 것이다.

처음 학생자치활동을 맡게 되었을 때 난감했습니다. 학생자치활동에 대한 운영방법을 잘 모르기도 하고. 다행히 교육청에서 학생자치 매뉴얼을 단위학교로 보내왔지만 제가 궁금한 점을 바로 찾아보기도 쉽지 않을뿐더러 전의 학교에 있었을 때와 학생들의 상황과 여건, 학교 조직문화 등이 달라 어떻게 해야 할지 고민이 되었습니다. 학생자치에 관한 체계적인 활동사례를 담은 자료가 교육청에서 학교로 배포되고는 있지만 학급자치활동에 대해서는 사례가 부족합니다. 교사뿐만 아니라 학생들의 관점에서도 활용하기 쉬운 자료가 개발되었으면 합니다(공통).

처음 학생자치회를 맡다 보면 당황하지만 시간이 지나면 어느 정도 적응하게 된다. 적응하게 된 시점부터 자기 학교만의 학생자치활동에 대해 고민을 하게 된다. 단위 학교만의 고유한 빛깔을 내는 학생자치회를 운영하는 것은 쉬운 일이 아니다. 아이들도 교사도 모두 바쁜 상황에서 창의적인 자치회 활동을 하기가 쉽지 않기 때문이다. 이 문제도 모든 학교급에서 학생자치를 담당하고 있는 교사들이 고민하는 문제이다. 각 학교급에 따른 학생자치회의 사례를 공유하고 힘든 점을 같이 고민할 수 있는 장을 마련할 필요가 있다. 행사 위주의 이벤트성 자치회 행사를 넘어서 학급과 학생들의 생각이 잘 반영될 수 있도록 작지만 의미 있는 자치회 활동을 지원할 필요가 있다.

> 사실 학생자치를 맡다 보면 주변의 학교와 유사한 몇몇 이벤트성 행사는 늘 반복됩니다. 우리 학교만의 학생자치행사로서 진정한 의미를 살리고 보다 창의적인 프로그램 기획을 해야 하는데 담당교사로서는 학교 업무가 많아 기획하기가 쉽지 않습니다(공통).

> 창의적인 학생자치 프로그램을 기획하는 것 이전에 우선 다른 학교의 학생자치활동에 대한 정보도 공유되지 않습니다. 학생자치활동을 오랫동안 담당하거나 중심교로 선정되어 활동을 경험한 교사가 아니면 다른 학교 상황까지 신경 쓰기가 쉽지 않습니다. 온라인 공간에라도 학교 간에 활발한 정보와 사례가 공유되면 비교해 보면서 자기 학교에 적용해 볼 텐데 교육지원청에서 학생자치회 네트워크를 온라인으로 구축해주지 않는 한 쉽지가 않다는 거죠(공통).

초·중·고 학생자치회 간 연계 프로그램도 필요하다. 처음 단위학교에서 학생자치를 경험한 초등학교와 중등학교의 학생자치의 수준과 역량이 다를 수밖에 없다. 초등에서 중등으로 진급할 때 학교급에 따른 학생자치활동에 대한 이해가 필요하지만 같이 만나고 고민을 터놓을 수 있는 자리가 많지 않다. 현재는 경기도의 경우 학생교육원에서 교육지원청으로부터 선착순 신청을 받아 1박 2일 캠프식으로 사례를 공유하고 있다.

고등의 경우 스스로 역할을 잘하지만 입시를 앞두고 있어 1~2학년 활동에 그치고 만다. 고3의 경우, 수능이 끝나고 학생회 차원에서 선배들과 함께 졸업식을 기획한다든지, 지역사회와 함께 하는 봉사 등을 기획할 수 있다.

특히 중학교의 경우는 학생들의 생각이 초등학교 때보다 더 확장되면서 주관성이 강해진다. 학생들의 자치활동에 대한 생각과 학교의 전반적인 교육과정 운영에 있어서 생각의 차이가 존재한다. 고등학교의 경우는 중학교 때보다 더 학생들의 주관이 강하고 기존의 교칙 부분까지도 불합리하다고 생각되는 점은 건의를 하는 경우가 많다고 한다. 따라서 학생들이 직접 자신과 관련된 부분의 학교정책결정에 직접 참여할 수 있도록 제도로서 보완해야 한다. 현재 경기도교육청에서 추진하고 있는 학생 정책결정참여제를 보다 내실화할 필요가 있다. 그리고 학생들이 예산도 직접 고민하고 설계할 수 있도록 지원해야 한다.

초등학교의 경우 학생의 주도적인 자치회 활동 진행이 아직 부족한 편입니다. 학교행사를 기획하고 예산을 사용하는 일 등에 있어서 학생들이 스스로 하기에 아직 부족한 부분이 많다고 생각해요. 따라서 자치회를 담당하고 있는 교사가 어느 선까지 자치활동에 개입하고 어느

정도의 역할을 해야 할지가 고민입니다(A 초등학교 교사).

초등학교마다 상황은 다르겠지만, 중학교나 고등학교에 비해 학생들이 주도적으로 자치회를 운영하는 역량이 부족한 점을 들고 있다. 특히, 초등학교에서 학생자치에 대한 역할과 책임 등을 스스로 해보는 경험이 많을수록 중학교로 진급해서 학생 자신의 자치역량은 향상하게 된다. 이 부분에서 초등교사가 학생자치활동 촉진자로서의 역할이 중요하다. 그러나 일선 학교에서 학생자치활동을 처음 맡은 교사 입장에서는 어려울 수밖에 없다. 이 점은 중·고등학교도 마찬가지이다. 초·중·고 학생자치회의 학교급에 따른 맞춤형 방안이 필요하다. 현장 선생님들의 어려움 중에서 초등의 경우 학생들이 어리다 보니 학생자치활동을 담당하는 교사들이 어느 정도 역할을 해야 할지가 큰 고민이다.

중등의 경우 학생들이 생각하는 학생주도의 행사기획과 학교의 생각 차이에 대해 어떻게 합의점을 찾을지가 큰 문제이다. 이에 교사는 학생들과 실제 학교운영의 생각 차이에 대해 조정 역할을 해야 한다. 이 부분을 담당교사뿐만 아니라 교사회와 학생회가 정기적으로 만나서 서로의 의견을 존중하고 조율하는 과정이 필요하다.

중학교의 경우 학생들이 주관하는 행사들이어서 다양한 아이디어와 록록 튀는 행사기획을 제안하는 경우가 많습니다. 하지만 학교로서는 학생들의 의견을 다 받아들여 행사를 실행했을 경우 발생할 수 있는 다양한 위험들에 대해 고려할 수밖에 없어요. 학생자치 담당교사의 입장에서는 학교와 학생 간 입장차를 줄이기 위해 학생들을 설득

하고, 학교 관리자에게 설명하는 부분이 어렵죠. 특히, 많은 학생이 체험하는 행사활동의 경우는 아이들이 교육활동 중 다칠 수 있는 상황을 생각해야 해요. 학생들의 경우 행사에 참여하는 학생들에게 간식거리를 상품으로 주는 방식으로 많이 기획하는데 별것 아닌 것 같지만 먹는 것 하나까지도 교사 입장에서는 중요하게 고려해야 하는 항목 중 하나입니다(B 중학교 교사).

고등학교의 경우 일반 학생들이 원하는 학교행사 및 건의 사항을 학생자치회가 수렴하여 이를 피드백 해주려는 과정에서 학교 실정과 예산에 맞게 조율하는 부분이 쉽지 않아요. 교칙의 전반적인 부분에 수정을 필요로 하는 건의 사항도 있어서 담당교사로서 이를 유연하게 대처하는 일이 고민입니다(C 고등학교 교사).

특히 중학교의 경우 자유학년제 등으로 학생들의 자치활동이 활발한 시기이다. 그러나 국가에서 내려오는 범교과 과정의 계기교육 등으로 인해 자치회 시간 확보가 어렵다. 고등학교의 경우는 입시 위주의 교육으로 인해 학급자치회 활동을 우선적으로 확보하기는 쉽지 않은 일이다. 교육청에서 필수시간으로 교육과정 속에 넣으라고 하고 있지만 현실에서는 지켜지기가 쉽지 않다.

이제는 학생자치를 다른 관점에서 접근할 필요가 있다. 학생자치를 중요시하지 않는 학교에서 교사의 자치는 존중받을 수 있을까? '학교자치는 민주적 거버넌스 구축이 전제되어야 한다'는 주장은 학생자치와 교사자치의 상관성을 입증하는 말이다. 교직원 회의에서 불합리하거나 어처구니없는 상황이 지속되는데도 문제에 대한 합리적인 의견한 마디도 건네지 못하는 교사는 교실에서 학생의 말에 귀 기울일 수 있을까? 학생자치를 논하기 전에 교사는 스스로 자신의 존재와 주위를 살펴볼 필요가 있다. 나는 나의 권익과 동료의 안전을 위해 민주적 의견을 제안할 정도로 성숙한 존재인가? 그러면 민주적인 가치를 지향하고 실천하는 교사만이 학생자치를 지지해야 하는가? 학생을 존중하고 교육주체의 구성원으로 인정하는 학교는 교사의 존재도 가치 있게 여기며 행복한 배움터를 이끌 주요 동력으로 대우한다.

자기 결정권의 경험 없이 교과서와 시험지에 매달린 청소년이 어느새 어른이 되었다고 상상해 보자. 특히, 다각도로 변화하는 미래사회에서 민주적 의사소통 능력의 부족, 이기적 사고, 의존적 태도, 책임감 회피로 얼룩진 어른들이 건강한 민주사회를 맞이하고 영위할 수 있을까?

학생들의 내부에 잠든 잠재력을 일깨우기 위해서 교사부터 동료들과 머리를 맞대고 학생의 배움과 성장에 대해 진지한 대화와 토론을 벌여야 한다. 선배교사의 앞선 경험과 동료교사의 지혜를 자양분으로 학생에게 자신 및 학급 및 학교를 발전시킬 수 있는 의미 있는 과정을 제공한다면 학생의 현재 경험은 미래의 삶으로 성장하며 교육은 이루어지는 것이다. 이제부터 무엇이든, 어떤 영역이든 시작하자. 학생의 성장을 믿는 교사는 작은 일상일지라도 기꺼이 도전하고 응원한다. 학생들이 교실 안팎에서 민주적으로 소통하고 협의의 가치와 절차를 인지하는 정보와 자료를 찾는 경험을 한다면 한 자락의 경험치는 위대한 민주시민 양성에 한몫한 셈이다.

학부모가 말하는 학생자치

학부모가 인식하는 민주적 학교문화에 대한 인식도는 관대했지만 학생자치활동에 대해서는 여력이 되는 경우에 허용되는 부차적인 활동으로 간주하고 있다. 학교의 모든 활동이 진학에 우선권을 내어줌으로써 학생자치활동은 유보되고 있다. 학부모들은 입시에 직접적으로 도움이 되지 않는다고 생각되는 활동에 학생들이 참여하는 것을 싫어하거나 하지 못하도록 막기도 한다. 설령 학생자치활동의 교육적 효과가 크다는 것을 아는 학부모일지라도 대입에 대한 불안으로 학생자치활동을 지지하지 못하고 있다. 다른 한편 상급학교 진학용으로 활용하기 위해 학생자치활동을 리더십 스펙을 가질 요긴한 기회로 삼기도 한다. 이러한 현상으로 학생들은 학생자치활동이 학생회 임원들만 하는 그들만의 세상으로 거리를 두기도 한다. 또한 학생들의 이해와 요구를 대변하는 학생자치활동의 본질이 왜곡되어 임기 채우기식의 형식적 운영이 이루어지기도 한다. 설상가상, 허상적 학생자치활동은 교사와 학교의 불신으로 온전한 학생 활동을 보장받지 못하고 다시 교사의 간섭과 지배를 받는 악순환으로 이어진다.

인생을 더 길고 넓게 보자면 자녀의 인생이 대학으로 끝나는 것이 아니라 취업 전선을 맞이하는 청년기, 제2의 인생의 전환기인 중년기, 지혜와 포용이 필요한 노년기 등에서 수시로 주체적 판단과 책임이 필요할 경우가 많을 것이다. 목전의 이익에 급급하여 자율적 문제해결 능력과 협력적 소통을 터득할 기회를 얻지 못한 어른은 갈등 상황을 어떻게 해결할까? 삶의 지혜에도 연습이 필요하다.

이에 학교는 세대 간 진정한 소통과 유대감 형성을 위해 학부모 대상의 자녀 성장 단계별, 맞춤형 주제별 교육으로 학부모의 역량을 강화하는 교육풍토를 마련해야 한다. 교육공동체 간 연석회의로 상호 가치를 교류하며 수시로 변하는 교육적 동향과 미래교육의 변화, 민주적 가치에 대한 공감 토크의 기회를 가진다면, 학교는 주체가 누구든지 자치의 일상화가 진일보할 것이다. 민주적인 거버넌스를 형성한 학교는 학생자치의 자발성이 활성화되어 활동 범위도 학교 전체 운영 차원으로 확대될 수 있다. 경쟁과 효율성이 난무하는 세상에서 통찰과 혜안을 지닌 좋은 부모는 학생이 어떻게 살아야 하는가에 대해 함께 사유하며 학생 스스로 해답을 찾을 수 있도록 조력하는 인생 길잡이이다.

학생자치 정책 살펴보기

국가의 교육정책은 대통령의 국정과제와 긴밀히 연결된다. 문재인 정부는 100대 국정과제로 국가의 정책을 설정하였는데, 그중 한 과제인 '교육 민주주의 회복 및 교육자치 강화'의 세부 실천과제로 '단위학교 자치강화'를 발표하였다. 학교자치를 활성화하기 위한 내용 중 학생자치 활성화가 국정과제에 포함된 것이다. 이를 기초로 교육부는 민주시민교육과를 신설하고, 민주시민교육 활성화를 위한 종합계획을 발표하며 5대 과제 중 하나로 학생자치 활성화를 공언하였다. 또한 시·도교육청은 학생자치회의 활성화와 관련한 다양한 정책을 통해 학생들의 민주시민의식을 제고하고자 노력하고 있다.

학생자치와 관련된 주요 정책으로는 교육과정 내 창의적 체험활동의 학급자치 시간을 월 1회 이상 확보 및 실질적 운영 권장, 학생들이 학교 예산 편성과정에 참여하는 학생참여예산제는 학교의 기본운영비의 일정 비율을 학생회 예산으로 편성하도록 의무화하거나 권장하는 방식, 교육청이 직접 학교로 예산을 지원하는 방식 등이 있다. 학생대표 등이 학교장, 교육감 등 정책결정권자와의 원탁토론회를 하여 의견을 개진하는 경우도 있다. 학칙 제·개정 운영매뉴얼 개발 보급하거나 학생회실 공간구축 등 물리적 환경을 조성한다. 학교 내에 학생자치부를 독립부서로 두어 자치를 활성화하기 위해 노력하기도 하고, 소소한 실천으로는 학생대표에게 임명장 대신 당선증을 주기도 한다.

해외의 학생자치 정책은 어떠할까? 독일의 학생자치 모습을 살펴보자. 독일의 학교교육의 목표는 첫째, 학생들이 성공적으로 사회참여가 가능한 민주사회의 시민으로 성장할 수 있도록 도와주는 것, 둘째, 학생 스스로 자신의 권리와 의무를 인식하게 하고 자립적으로 판단하여 책임지는 활동을 할 수 있도록 능력을 배양하는 것이다. 주요 정책을 살펴보면 다음과 같다(정수정, 2017).

먼저, 학생대표(Schülervertretung)의 과제 및 권리를 명확히 하고 있다. 모든 중등학교부터는 전체 학생을 대표하는 학생대표가 있다. 주에 따라 이를 학생 공동책임이라고 명칭하기도 한다. 모든 주에는 주 학생대표회가 있으며, 주 학생대표들이 모인 연방 학생회도 운영되고 있어 학생대표는 학교뿐만 아니라 초지역적으로도 활동하고 있다. 학생대표의 활동은 독일 연방 모든 주의 학교법에 확립되어 있으며, 학생대표의 활동에 관한 규정도 매우 상세히 수립되어 있다. 학교법으로 학생자치활동을 위한 법적 기반이 확립되어 있다. 우리나라의 경우 독일처럼 상세하게 규정되어 있지는 않다. 그렇다면 독일의 학생대표는 어떠한 활동을 할까?

첫째, 학생대표는 학생의 의견을 대변하고 학생-교사를 연결하는 역할을 한다. 학교장과 항상 면담을 할 수 있으며, 학교생활에 있어 학생들의 권리, 문제, 항의 사항 등을 함께 토의하고 학교를 통해 학교감독관청에 전달한다. 예외적인 경우 학생 개인이 원할 때 학생 개인의 권리가 침해되었을 때 학교장이나 교사가 인지하도록 관련 상담을 하고 지원한다.

둘째, 학생들은 학생대표를 통해 다양한 학교위원회에 공동 참여하며, 학교교육 조성을 위한 의사결정에 참여하고 있다. 학교의사결정 조직의 한 주체로서 학교 운영 결정에 참여하고 협력한다. 예컨대, 독일학교 수업 및 규정 등 단위학교 교육 운영 전반은 학교회의를 통해 결정되는데 중등학교부터 학교회의에 학생대표가 참여하며, 수업조성을 위한 제안을 할 수 있다. 학생대표 과제수행을 위한 모임을 고정적으로 수업시간 내 가질 수 있으며, 별도의 장소를 제공받는다. 학교장으로부터 학교 보편적 업무에 관한 정보를 제공받으며, 자치활동과 프로젝트를 제안할 수 있다. 학교장은 수업에 침해가 있거나 보편적 법을 위반한 경우에만 이를 거절할 수 있다. 이러한 이유로 학생들의 전공, 문화, 스포츠, 정치, 사회적 관심을 후원하기 위한 협의회, 연구공동체 등을 조직하여 학교 내의 다양한 활동, 콘서트, 소풍, 프로젝트 등을 계획하고 자치적으로 수행한다.

셋째, 학생대표들이 수행하고 있는 수많은 프로젝트는 소규모와 대규모가 있는데 대규모의 경우 학교장에게 프로젝트를 제안하여 허가를 받는다. 시행하기까지 최소 여러 달에서 최대 1년의 준비 기간이 소요되기도 한다. 학생회 운영과 프로젝트 진행을 위해 학교 운영방침에 어긋나지 않을 경우 스폰서나 재단에서 지원을 받기도 하며, 이러한 학생대표의 과제수행을 지원하기 위해 학교는 연결교사 (Verbindungslehrer)를 두고 있다. 연결교사는 전체 학생회의와 학생대표로 구성된 학생회에 자문 역할로 참여할 수 있으며, 전체 학생 수가 500명 이하일 경우 1명, 500~1,000명일 경우 2명, 1,000명 이상일 경우 3명 선출한다. 정교사로서 1년 임기로 재선출이 가능한데, 놀라운 점은 학생회 3분의 2의 동의가 있으면 임기 중 연결교사의 해임이 이뤄질 수 있다는 점이다. 연결교사가 여러 명일 경우 학생회 동의하에 업무를 분담하기도 한다. 그러나 모든 학생대표의 재정의 책임은 학생회에서 선출된 회계에게 있으며, 학생대표의 재정은 매년 학생회에서 선출된 2명의 감사에 의해 감사를 받고, 학생회에 보고서를 제출해야 한다.

종합해보면, 독일과 우리나라의 가장 큰 차이점은 무엇보다 학생이 학교의 의사결정 주체로서 실질적인 권한과 책임을 얼마나 가지고 있느냐이다. 학생들의 인권과 권한을 강조하다보면 교사의 권한이 축소되고 학생들의 책임의식이 약화될 것이라는 우려의 목소리도 있다. 그렇기에 오히려 학생들이 저학년이었을 때부터 교육과정 속에서, 그리고 실제의 삶과 연계하여 체계적으로 민주시민교육이 이뤄져야 한다. 학교의 공동주인 중 하나의 주체로서 학생을 인지시키고 권한에 맞게 어떠한 책임과 역할을 해야 할지를 학교, 학부모, 지역사회가 협력하여 교육한다면 이런 걱정은 많이 해소되리라 생각한다.

학교를 넘어 사회로, 청소년의 자치활동

학생들의 자치활동은 궁극적으로 그들이 속한 지역사회, 국가와 연결되어야 한다. 지역사회는 그들이 속한 삶의 터전이자 삶의 요소들이 결정되는 공간이기 때문이다. 그런 측면에서 최근 학교 밖 참여활동이 강조되고 있기도 하다. 교육부(2019)에 따르면 학생의 사회참여활동이란, 학생들이 공공생활에 적극적으로 참여하고 실천하여 능동적인 시민으로 성장하기 위한 활동을 말한다. 공공시설 이용 시 불편한 점, 위험한 점을 학생들이 건의하여 편리하고 안전한 시설로 바꾸거나, 학생들이 학교 공간을 다시 생각해보고 학생의 생각이 담긴 학교 공간을 설계한 후 지방자치단체의 도움을 받아 공간을 혁신하기도 한다. 마을의 문제를 파악하여 기관장과의 면담을 통해 문제해결을 요구하고 해결 과정을 공유하며 더 살기 좋은 마을을 만들기도 하고, 학생들의 참여 보장을 요구하는 동아리 활동, 국회의원 면담, 청원운동 등을 펼치기도 한다. 국가와 지역사회의 문제를 해결하기 위해 노력하는 시민단체를 조사·방문하거나 관련 캠페인 활동, 사회적 약자를 위한 연대 활동에 함께할 수 있다.

지역사회, 국가와 맞닿아있는 관점에서 자치활동의 주체를 학교의 구성원인 학생을 넘어 '청소년'의 관점에서 바라볼 수도 있다. 청소년이란, 청소년기본법 제3조에서 9세 이상 24세 이하로 대상을 정하고 있다. 학교 밖 자치활동으로 대표적인 것이 각 지자체를 중심으로 이루어지는 어린이·청소년 의회 활동이 대표적이다. 의회에서는 청소년 회의를 운영하고, 청소년 정책을 제안하고 지역사회 문제에 대해 토의하고 해결 방안을 모색·실천한다. 지방의회 운영과 관련된 교육에 참여하거나 조례안, 질문서, 건의서 작성 등을 해보기도 한다. 그 외에도 청소년 관련 단체에서 청소년들이 주도하는 다양한 사회 참여 활동들도 포함될 수 있다.

청소년기본법 제5조의 2(청소년의 자치권 확대)에 따르면 청소년은 사회의 정당한 구성원으로서 본인과 관련된 의사결정에 참여할 권리를 가진다. 국가 및 지방자치단체는 청소년이 원활하게 관련 정보에 접근하고 그 의사를 밝힐 수 있도록 청소년 관련 정책에 대한 자문·심의 등의 절차에 청소년을 참여시키거나 그 의견을 수렴하여야 하며, 청소년 관련 정책의 심의·협의·조정 등을 위한 위원회·협의회 등에 청소년을 포함하여 구성·운영할 수 있다고 말한다. 이를 위해 청소년으로 구성되는 청소년참여위원회를 운영하여야 하고, 국가 및 지방자치단체는 청소년참여위원회에서 제안된 내용이 청소년 관련 정책의 수립 및 시행 과정에 반영될 수 있도록 적극 노력하여야 한다.

학생과 청소년이라는 상당 부분 중복되는 대상으로 시행되는 여러 사업 간의 연계와 조정이 필요한 부분이다. 보통 학생은 그들이 속해있는 학교를 관할하는 교육청과 교육부에서 담당하고, 청소년은 지자체와 여성가족부의 사무이다. 그래서 대상을 달리하는 정책들을 펼치고 있다. 특히 청소년 대상의 활동은 학교를 기반으로 하고 있지 않기 때문에 참가자 모집 등을 위해서 교육부, 교육청, 학교의 협조를 받고 있는데 단순히 인원 모집을 위한 형식적 절차가 되거나 학교의 교육활동과 연계되지 못함으로써 활성화되지 못하는 한계들도 있다. 학생과 청소년의 의견이 학교와 지역사회, 나아가 국가의 교육정책, 청소년 관련 정책에 영향을 미치기 위해서는 교육청-지자체, 교육부-여성가족부 간 소통과 협력이 필요하다.

학생자치활동은 교복 입은 시민인 학생이 민주시민으로 성장하기 위한 충분한 고민과 실행을 연습하는 것이다. 이를 위해 제도와 문화 측면에서 교육청이 현장의 학교를 지원해야 한다. 그리고 단위학교에서 우선적으로 학생을 교육공동체의 한 구성원으로 바라보는지, 아니면 보호해야 할 대상으로, 훈육해야 할 미성년으로만 인식하는지를 점검할 필요가 있다. 학교문화는 하루아침에 만들어지지 않는다. 교사와 교감, 교장선생님이 학생들을 진정으로 동등한 주체로 인식할 때 무엇을 고민해야 할지가 나오기 때문이다.

참고문헌

- 경기도교육청(2014). 학생이 주체가 되어 만들어가는 학생자치활동 이야기.
- 교육부(2019). 학생시민성장안내서, 교육부·17개 시·도교육청.
- 국가법령정보센터(www.law.go.kr, 2020. 2. 기준)
- 김건아(2018). 민주시민교육으로서 학생자치활동 경험에 대한 사례연구, 이화여자대학교 석사논문.
- 김경훈(2014). 학생자치활동이 청소년의 정치사회화에 미치는 영향, 연세대학교 석사논문.
- 김유정(2020). 민주시민교육의 일환으로서 학생자치활동의 참여 양상에 대한 질적사례연구, 이화여자대학교 석사논문.
- 김위정(2016). 학생자치활동 경험이 공동체의식에 미치는 영향: 혁신학교와 일반학교 비교, 한국청소년연구.
- 송지훈(2018). 학생자치활동 활성화 방안 연구. 교육복지정책중점연구소.
- 이광원(2019). 학생자치활동을 통한 민주시민 교육, 사회과교육연구, 제26권 제3호.
- 정수정(2017). 독일의 학생자치활동 강화를 위한 관련정책현황, 교육정책네트워크.
- 조윤정 외(2015). 경기도 학생자치 실태 및 활성화를 위한 연구, 경기도교육연구원.

5. 학교자치에 비추어 보는
학생자치

권한을 주는 입장과 받는 입장의 관계 정립

얼마 전 해외 출장을 다녀오면서 비행기 안에서 겪은 일이다. 기장(captain)
이 기류 불안정으로 안내 방송을 한다. 모두가 깊이 잠을 자고 있는 새벽 3
시에 터져 나오는 안내 방송은 분명 불청객이었다.

　승무원들도 맡은 역할을 충실히 하기 위해 매뉴얼 대로 승객들이 안전띠
를 매었는지 점검한다. 강제성은 띠고 있지만 깊이 잠든 승객에게도 정중한
예의를 갖추어 그들의 안전을 사수한다. 승객들은 대수롭지 않다는 듯 형식
적으로 안전띠를 고쳐 매기도 하고, 짜증을 내면서 투덜거리기도 한다. 여
전히 반항감에 안전띠를 매지 않는 승객들도 있지만, 끝내 승무원의 권유로
안전띠를 고쳐 맨다.

　이런 상황은 비행기로 여행을 해본 사람이라면 한 번쯤 목격했을

장면이다. 승객에게는 자신이 하고 싶은 대로 잠을 자거나 벨트를 매고 싶지 않을 자유가 있을 수 있다. 하지만 비행기 캡틴과 승무원으로서는 '승객이 원하는 자유'를 넘어 안전이라는 '승객이 보호받아야 하는 권리'에 더 가치를 중시하며 합의된 매뉴얼에 따라 일사천리 승객의 안전을 지원하는 것이다.

학교자치도 이와 마찬가지로 바라볼 수 있다. 학교자치란, 교육자치의 한 단위로써 학교가 그러한 권한을 위임받아, 학교 내 교육공동체 구성원(학생·교사·학부모·지역사회 인사 등)들이 함께 교육의 자율성을 가지고 책임과 규제를 바탕으로 자주적인 결정을 하는 것이다(임재일, 2019). 여기서 항공사를 국가로 본다면, 캡틴과 승무원은 교육청(혹은 지원처), 승객들은 학교자치를 담당하는 구성원으로 상정하여 볼 수 있다. 안전이란 가치를 두고 승객들이 외부의 간섭 없이 내 자유대로 한다면, 이것은 제대로 된 자유를 행사한 것일까? 우리는 자기책임과 자기규율 없이 멋대로 '자유부리는' 것을 합리적인 관점에서 용인해 줄 수 있을까?

이 비유에서 우리는 학교자치를 하기 위해 교육부와 교육청이 해야 할 일과 학교자치의 구성원이 어떤 역할을 해야 하는지에 대한 교훈을 얻는다. 모든 승객은 안전하게 목적지까지 도착할 권리를 보장받는다. 그런 조건으로 여객기에 몸을 맡겼고, 이것은 법적 구속력과 사회적 계약으로서 인간이 당위적으로 누려야 할 존엄의 가치이다. 항공사로부터 그 권한을 부여받은 기장과 승무원은 자신들의 고객을 안전하게 끝까지 모시기 위해 존재하는 사람들이다. 그들이 해야 하는 일과 역할은 모두의 생명과 존엄을 위해 당위를 갖는다.

학교자치도 이러한 맥락에서 보아야 한다. 학교자치를 위해 교육부와 교육청은 절대가치에 대한 콘트롤타워로 선한 영향력을 미쳐야 한다. 안전과 같은 1순위 가치에 대해 책임 있는 자세로 학교 현장을 지원해야 한다. 즉, 보편적이고 필수적이며 기본적인 권리를 향유해야 하는 교육적 가치에 대해 학교는 교육부와 교육청의 지원을 필수적으로 받아야 한다. 이때 규제가 아닌 지원의 형태로 학교 현장에서 자치력이 발휘될 수 있도록 보조성의 원리(곽노현, 2020)를 반드시 지켜야 한다. 그렇지 않으면 통제와 감시, 검열, 소위 말하는 꼰대로 전락해 버릴 수 있기 때문이다.

따라서 누구나 공통적·보편적·기본적으로 누려야 할 교육적 가치를 위해서는 상위 주체자들의 역할과 기능이 매우 크다. 막연히 단위 학교에게 자율권을 제대로 행사하는 것이 자치라고 일방적으로 요구하면 안 된다. 자치의 권한을 이양하고 그 권한을 발휘할 수 있도록 해주었다면, 권한을 주는 주체가 앞으로 어떤 역할을 할 것인지, 권한을 받은 주체는 어떤 역할을 할 수 있는지 그 경계와 관계가 정립되어야 하는 이유가 여기에 있다. 결국, 학교 구성원들의 학교자치는 그들이 스스로 발휘하는 역량에 주된 방점을 두되, 교육부나 교육청이 기본적인 지원을 하는 보조성의 원칙 속에서 그 힘을 발휘해야 한다.

정리하자면, 학교자치의 권한을 주는 입장에서는 보편적·공통적·필수적인 교육적 가치에 대해서 권한을 받은 주체를 지원하는 보조성의 원리를 갖추어야 하고, 반면 학교자치의 권한을 받은 입장에서는 자기책임과 자기규율의 범위 안에서 자율권을 행사하는 자세를 지녀야

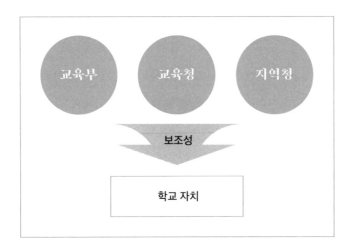

한다. 교육부와 교육청과 같은 상위 주체는 협력적 네트워킹이 가능한 형태로 학교자치력을 지원해야 하며, 학교 현장 고유의 자생적인 자치력을 신뢰하고 존중하는 관계 설정이 필요하다(김성천 외, 2018; 한은정 외, 2019). 그래야 양자 사이의 자치 에너지(autonomy energy)가 온전히 교류된다.

학교자치에서 구성원 자치로 나아가는 특성

한편, 학교자치를 구현하기 위해 구성원들은 자치력을 발휘하는 방향으로 지금의 자치력보다 신장되는 향상성의 원리를 가져야 그 역량이 강화될 수 있다. 단순히 외부의 간섭 없이 스스로 하는 것이라는 자치의 특성만이 전부라고 받아들여 보조성의 원리만을 믿고 안주하는 형태의 자치만을 행사해서는 안 된다. 다른 주체의 적절한 관여와 개입은 개인 자치의 웰빙을 보장하기 때문에 서로 간의 신뢰가 바탕이 된 '관계적 자율성(relative autonomy)'을 만들어야 한다(안승대, 2009). 즉, 협업체제를 지향하는 자치 거버넌스(autonomy governance)를 형성하는 협치 태도가 필요하다(한은정 외, 2019). 그래야만 공통적, 보편적, 기본적 가치 이외에 학교가 선택한 자치에도 제대로 된 자치력을 보여 줄 수 있기 때문이다.

협치의 관점에서 자치력을 발휘했을 때 이런 선택적인 사항들에 대해서는 교육부나 교육청이 간섭하기 쉽지 않다. 왜냐하면 그 학교의 여건과 환경, 실태에 대해 가장 잘 아는 주체가 바로 학교자치의 제1 주체자인 학교구성원이기 때문이다. 따라서 그 학교의 특색과 빛깔을 빚어내는 것은 온전히 학교구성원의 몫으로 해야 하고, 그랬을 때 발휘한 그들의 자치 역량이 빛을 보게 된다. 교육부나 교육청은 공통적·보편적·필수적인 성격을 띠지 않은 자치 행사 부분은 학교자치의 권한으로 온전히 이양하는 보조성의 원리를 고수해 주어야 한다. 학교구성원은 교육부, 교육청과 같은 수직적 거버넌스와의 협치 역량을 신장해야 하고, 옆으로는 학생, 학부모, 교사 및 지역사회와의 수평적 거버넌스, 협치 역량을 신장해야 한다. 이런 상호호혜적인 관계성을 맺어가면서 자기조직화[1]하는 현상 속에 개인의 자치 역량은 신장하게 되는 것이다(Brent, 2004).

학교자치의 맥락에서 학교구성원인 개인(agency)의 행위로 자치를 보게 되면, 그 구성원의 관계적 자율성에 의해 확장되는 협치를 증진하

---

[1]   자율성과 자발성이 필요한 계체의 성장 원리.

는 향상성을 가장 중요한 요소로 보아야 한다. '스스로 자신을 다스리는 것'이라는 자치(自治)의 뜻대로, 자신을 주체로 세워 세상과 연결해야 하는 것이다. 학교자치를 전체를 바라보는 구조(structure)에 대한 관점에서 논했다면, 개인의 자치는 구성원 개인(agency of member)으로 대별해서 보아야 하고, 구조 속에 '개인(사람)'의 역할과 기능에 그 자치의 정체성을 찾아야 한다. 그래야 학교자치에서 구성원 개인의 자치로 자치 에너지가 제대로 전환될 수 있고, 자치 사회가 만들어질 수 있다.

자율(autonomy)로 알아보는 자치의 원리

학교자치를 영어로 살펴보면, 'school autonomy'라고 할 수 있는데, 이때 autonomy를 '자율' 혹은 '자율성'으로 유사하게 해석하는 교육학적 관점이 가능하다(임재일, 2019). 따라서 학교자치는 학교 자율성이라는 개념으로 접근할 수 있다. 김혁동 외(2018)는 철학사전에서 autonomy는 '자치'로 번역되기도 하고, 정치적으로는 자치를 실시하면서 '다른 것에 의해 간섭·지배되지 않는 것'을 의미하는 '자율'로 번역되기도 한다고 연구한 바 있다.

두산백과사전(2010)에 따르면, 인간의 행위는 자신의 의지나 이성에 따르는가 그렇지 않은가에 따라 자율(autonomie) 혹은 타율(heteronomie)로 나뉜다고 한다. 여기서 자율이란 '자기 자신의 행동을 스스로 규율(self-discipline)하는 것'으로 '자기규율'과 유사한 개념으로 정의하고 있다(한국국어사전편찬회, 1976). 결국, 자치와 자율은 매우 유사한 개념으로 혼용해서 쓸 수 있으며, 다른 것에 의해 간섭·지배되지 않음과 동시에 자기 자신의 행동을 스스로 규율하는 것으로 이해될 수 있다(김혁동 외, 2018; 김혜진, 2020; 백규호, 고전, 2016, 임재일, 2019).

이러한 논의를 바탕으로 좀 더 거슬러 올라가 자율의 철학자로 불리는 칸트의 말을 탐색해 보자. 임마누엘 칸트(Immanuel Kant)는 자신의 윤리이론을 전개하면서 자율의 중요성을 강조하였다. 그에 따르면 자율은 '실천이성이 스스로 보편적 도덕법을 세워 이에 따르는 일'을 의미한다(서울대학교 사범대학 교육연구소, 1981). 여기서 자율은 실천이성 이외의 외적 권위나 자연적 욕망에 구속되지 않는 상태를 가리킨다. 정리하자면, 칸트가 말하는 자율은 '자신이 합리적이라고 생각하여 세운 보편적 규칙을 따르는 것'이라고 볼 수 있다.

칸트는 자율을 단순히 '자기규율'을 따르는 일을 넘어 보편적 도덕법, 즉 '스스로 세운 보편적 규칙'을 따르는 일이라고 설명하였다(김재춘, 2011). 이것은 자율의 주체인 '나'나 '우리'만이 아니라 모든 사람에게 확대 적용 가능한 법, 즉 보편적 규칙의 설정이 중요함을 의미한다. 여기서 자율의 주요한 특성은 주체가 자율적으로 결정하되 자기에게 유리한 방향으로 결정하는 것이 아니라 다른 상황, 어떤 상황에 확대 적용하더라도 문제가 되지 않을 '보편적 규칙'을 세울 수 있는 방식이라는 것을 알 수 있다.

이런 맥락에서 자율의 진정한 의미는 '공동선(public interest)의 추구'라는 공동체적 관점에서 보아야 한다(Sandal, 2009). 공동체 안의 개인 즉, 공동체 안에서 개인의 정체성 형성을 중시하는 공동체주의는 주체의 자율적인 결정을 무조건 존중하기보다는 공동선을 자율적으로 추구하는 것을 더 중시한다(김재천, 2011). 왜냐하면 개인은 자유로운 존재이면서 동시에 공동체의 일원이기 때문에 공동선과 일치하지 않는 방향으로의 자율 결정은 방임과 유사할 것이기 때문이다. 이에 정범모(2008)는 보편적 규칙을 넘어선 주체의 자율 결정을 무조건 인정하는 것은 자율을 방임 또는 방치와 동일한 것으로 간주하는 것이라고 말했다. 특히 공동체적 가치 추구를 강조하는 학교교육의 경우 단위학교가 자율적으로 결정하면 그 결과가 무조건 바람직하다고 보는 것은 매우 위험하다. 단위학교가 자신이 속해 있는 사회나 국가라는 교육공동체의 공동선을 추구하기보다는 자기 학교만의 이익을 추구하는 방향으로 의사결정을 한다면 이러한 의사결정은 결코 바람직하다고 볼 수 없기 때문이다. 따라서 학교자치에서의 자율은 보편타당한 방향으로 학교구성원이 공동선을 추구하는 의사결정일 때 올바른 자율을 행사한다고 볼 수 있다.

이처럼 보편적 규칙, 공동선 추구와 같은 개념들은 학교자치의 자율성을 해석하는데 매우 중요한 교육적 함의를 갖는다. '학교' 혹은 '학교를 구성하는 주체들(교육공동체)'이 자율적 결정과 실행을 골자로 학교자치를 설명할 때 자율성의 개념에 기반하여 원리를 실천해야 하는 이유가 여기에 있기 때문이다. 외부로부터 간섭 및 지배를 받지 않고, 학교 내 주체들로 하여금 자기규율하에 권한을 행사할 수 있는 특성이 학교자치의 특징이라고 말해 왔는데, 이 안에 보편적이며 공동선을 추구하는 속성까지 내재되어야 함을 놓쳐서는 안 된다. 앞서 언급한 구성원 개인의 자치에 수평적·수직적 거버넌스를 구축하여 협력적인 자치를 지향해야 하는 방법과 더불어 공동체가 함께 보편타당한 것을 바라보고 힘을 모아 선한 의지로 그 자율성을 발휘해야 하는 자치 원리를 고려해야 한다. 학교자치의 최전선에 해당하는 학생자치에서도 이러한 함의와 특성이 반영되어 있음을 명심해야 한다.

학교자치와 학생자치

학교자치와 더불어 학생자치를 주목해 보자. 학생 개개인의 가능성에 주목하고 개개인의 성장을 지원하는 맞춤형 교육으로 전환하라는 것이 시대의 요구다(곽노현, 2020). 이제 시대정신으로 학생자치를 학교자치의 맥락에서 풀어 살펴봐야 할 때다. 학생에게 가장 가까이 있는 건 학교와 교사이지 교육부나 교육청이 아니라고 보았을 때, 학생자치는 학교자치라는 범위 안에서 그 관계와 원리를 탐색해 보아야 한다. 그리고 학교와 교사가 학생 특성과 학교 여건, 지역 상황을 잘 반영해 가장 적절한 교육을 할 수 있도록 학생에게 자율성의 권한을 위임하는 것이 핵심이다.

　이는 학교자치를 주도하는 입장에서 학생자치의 자율성을 대폭 강화해야 한다는 것을 의미한다. 그동안 학교자치에서 구성원 중 하나인 학생이라는 주체가 매우 소외되었음을 부인할 수 없다(김달효, 2016; 오재길 외, 2017). 학생이 학교의 교육과정 편성·운영의 자율권을 상당 부분 가질 수 있도록 지원해야 하는 것도 이러한 맥락에서 비롯된다(박수영 외, 2019; 이광원, 2019; 전희영, 2016). 학교 교육활동은 물론이고, 학생의 필요와 요구에 따라 교육내용과 교육방법도 의사결정에 참여하여 스스로 만들어가는 학교의 주인의식(ownership)이 학생자치를 통해 만들어져야 한다. 따라서 학교자치에 학생의 참여 권한을 대폭 실질화하고, 학교운영위에 참여할 수 있는 학교자치의 한 주체로 만들어 학생들이 자치를 제대로 발휘할 수 있도록 학생자치의 기능과 역할을 정비해야 한다(김달효, 2019). 물론, 학생이 요구하고 바라는 것이 보편적 규칙과 공동선의 추구가 가능한 범위에서 자치권을 행사해야 함은 변함이 없다. 학생이라는 주체가 다른 구성원(교사, 학부모, 지역사회 등)과의 수평적 거버넌스를 견지하면서 학교자치를 보조하는 상위 주체자들과의 수직적 거버넌스를 고려하는 관계적 자율성을 신장해야 한다. 그랬을 때, 보편적·공통적·필수적인 가치는 함께 구현될 것이고, 개별적·독립적·선택적인 가치 또한 보조성의 원리에 의해 학생자치로부터 구현될 수 있다.

그렇다면, 개별적·독립적·선택적 가치란 무엇일까? 이것을 알아보기 위해 다음 절에서 푸코(Paul Michel Foucault)의 자기배려의 개념을 차용해 이해를 도모해 보고자 한다.

자기 자신을 찾아가는 학생자치

미셸 푸코는 1980년대 후기에 주체의 자유로운 실천의 가능성을 탐색한 철학자이다. 후기 저작에 '자기 자신과 타자와의 상호작용 그리고 개인이 행사하는 지배의 테크놀로지의 과정에서 개인이 얼마나 자기 자신에게 적용하는가에 대한 역사, 즉 자기의 테크놀로지'에 큰 관심을 보

였다(Foucault, 1988, 이희원(역), 2002)

그가 말하는 자율적 행위는 학생자치에서 학생들이 개별적이고도 특수적인 자율 행동들을 어떻게 바라보아야 하는지에 대해 도움을 준다. 자율적 행위는 개개인이 스스로 주체의 자율적인 행위의 가능성을 발견하는 것이라 말한다. 쾌락에 정복당하지 않고 그것을 지배하는 것이 핵심이고, 이는 곧 쾌락에 대한 능동적인 통제가 중요함을 의미한다(최유리 외, 2017). 따라서 그에게 자유란 '자기에 대한 자기의 노예 상태로부터 벗어나는 것, 즉 자기 자신에 대해 승리를 거두는 것'이었다(Foucault, 1984, 문경자·신은영(역), 2004). 반대로 자유롭지 못한 상태는 자기 자신에 대해 정복당하고 쾌락에 의해 지배당하는 존재로 보았던 것이다.

쾌락의 자유로움이란 쾌락의 종이 되지 않고, 쾌락의 노예가 되지 않는 것으로써, 특정한 규칙에 맞는 것을 정하고 금기의 경계선 안에서만 행위를 하게 체계적인 규제를 세우는 것이 아니라 자신이 기쁘고 행복하기 위해 그 쾌락의 활용 조건을 생각해보고 양태의 완성을 지향하는 것을 의미한다(홍은영, 2012). 즉, 자신에게 주어진 자율에 대한 쾌락에 대해 어떻게 사용해야 할지 고민해보고, 그 결과에 대해 좋은 것과 나쁜 것 모두를 다 감당해 낼 수 있는 것을 의미한다. 그래서 푸코가 말하는 자율적 행위는 자기 자신과 자신이 처한 상황을 면밀히 살피고, 이를 바탕으로 자신의 행동을 '개별화'하고, 상황과 맥락에 맞게 '변형'시키는 숙련된 태도와 탐구 자세를 통해 자신을 윤리적 주체로 '만드는' 작업이라고 말한다(오재길 외, 2017; 최유리 외, 2017, 홍은영, 2012). 이것이 앞서 말한 푸코의 '자기에 대한 자기 행사, 즉 자기의 테크놀로지'로서 다양한 삶의 실천 속에서 자신의 존재를 아름답게 가꾸는 하나의 실천적 기술로 간주하였는데, 이런 기술을 '자기 배려'라고 말하였다(Foucault, 1984, 문경자·신은영(역), 2004).

학생자치도 이러한 맥락에서 접근하여 교육활동이 이루어져야 한다. 학교자치라는 하위 구조에서 자치의 조건과 규칙을 제시하여 학생들이 해야 하는 것으로 간주해서는 안 되며, 자율적인 판단과 실천으로 자신뿐만 아니라 자신이 처한 교육적 환경을 변형시키는 능동적이고 윤리적인 탐구 자세와 태도를 지니게 해야 하는 것이 진정한 학생자치의 모습이라고 볼 수 있다. 이는 자기 자신의 개개인성에 대한 자각을 통해 자신의 행동이 남과 다름을 올바르게 이해하고, 자신에 대한 자기 권리를 행사할 수 있는 실천적 기술이 학생자치 속 테크놀로지로 자리잡아야 함을 시사하고 있다. 그랬을 때만이 '참다운 자기 되기'에 접근하게 되고, 자신을 변형하고 개선하여 현재의 자신과 다른 성숙된 자신의 모습이 가능하게끔 자기 배려(le souci de soi)를 해야 하는 것이다(Foucault, 2001, 심세광(역), 2007). 이는 자신과 세계를 마주함에 있어 '나다움'이 이루어지기 위해 자신의 생각과 행동으로 자신을 재구성하고, 보다 나은 경지로 나아갈 수 있는 '성장'의 가치를 경험할 수 있도록 학생자치를 통해 자기 배려가 나타나야 함을 의미한다.

이런 맥락에서 학생자치는 자신의 정체성을 끊임없이 탐구하는 일련의 교육활동으로 보아야 할 것이다. 자기 자신에게 전념하고 자신을 돌볼 수 있으며, 자신이 누구이고, 어떻게 성장할 수 있는지 스스로 판단하고 숙의해 보는 교육적 경험으로 채워져야 하기 때문이다. 푸코는 이를 '자기로의 전향'이라고 설명하면서 온전히 자신에게 몰입하고 모든 에너지를 자신에게 집중하는 것이라고 말한다(최유리 외, 2017). 그렇게 자신을 탐색하고 자아의 기쁨과 행복을 탐구하는 '정체성 찾기'의 활동이 학생자치인 것이다(전희영, 2016; Hargreaves, 2019).

　　자기 자신에게 집중하고 흠뻑 빠질 수 있도록 하는 기쁨의 경험을 학생자치에서 마련해 주어야 한다. 자기 자신에 접근할 수 있게 된 학생 자신은 하나의 즐거움의 대상을 만끽하게 되고, 비로소 '성장'하는 주체로서의 정체성을 학생답게 체험할 수 있기 때문이다. 그러기 위해서 학생자치와 관련된 교육자들은 학생들이 자기에 대한 지속적인 성찰을 통해 현재 자기보다 성장하고자 하는 마음으로 새로운 자기를 창조하는 '실천 의지'를 표현할 수 있게 도와주어야 한다(김달효, 2016). 그런 실천 의지는 참여, 탐색, 기다림, 관망, 무념, 냉담, 반감, 포기 등 다양한 형태로 나타난다. 따라서 학생자치에서 요청되는 것은 학생들 자신의 탐구, 실천, 경험 등을 발휘하는 기술(테크놀로지)인 자기 배려라고 볼 수 있을 것이다(최유리 외, 2017; Foucault, 2001, 심세광(역), 2007). 실패하고 좌절하고 포기할 수도 있는 학생자치 결과에 교육자들은 너그러운 관점으로 그들 자신을 발견하고 있는 과정의 한 단면임을 이해해야 한다. 그리고 스스로 자신을 찾고자 하는 노력과 열의가 나타날 수 있도록 실천 의지를 다시 북돋아 주는 자세와 태도가 필요하다. 결국, 학생자치를 통해 학생 스스로가 자기 자신과 타인, 그리고 세계에 대한 태도를 탄탄하게 다져가는 '성장하는 존재'가 될 수 있도록 기회를 지원해 주어야 한다.

학생자치로 다시 보는 사춘기(思春期)

이렇게 자기 자신을 찾아가는 학생자치의 모습이 가치 있게 성장하는 것과 반대로 우리는 학생자치를 하면서 학생들의 엉뚱한 면들을 마주할 수도 있다. 상식 밖의 행동을 하는가 하면, 교육활동에 반하는 행동들로 학교생활에 부적응한 모습들을 왕왕 목격하곤 한다. 사춘기에 접어든 청소년들은 자신도 모르게 이런 모습들을 서슴지 않고 드러내는데, 이때를 질풍노도의 시기라고도 하며, 심리적 이유기라도 일컫는다. '초6병', '중2병'이라고 통용되고 있는 것도 이런 맥락에서 우리가 관심가지며 보고 있는 이유다. 그런데, 과연 이런 것이 병(病)으로 간주해야 하는 나쁜 모습들일까? 학생자치를 이끌 사춘기에 접어든 대부분 학생이 청소년임을 고려하면 그들이 독특하게 보여 주는 사춘기의 모습들을 교육적으로 다시 바라보아야 하는 것은 아닐까?

사춘기(思春期)는 본래 '생각이 봄을 맞이하는 시기'라는 뜻을 지닌다. 즉, 자신의 삶에 있어 생각이 움트기 위해 봄을 맞이하는 시기인 것이다. 누구에게는 일찍 올 수도 있고, 누구에게는 늦게 올 수도 있다. 사람마다 사춘기가 조금씩 다른 이유는 자기가 자기 자신에 대해 깊이 생각해보고 그것을 타인과 혹은 세상과 소통하고자 표현할 수 있는 자기 배려의 타이밍이 제각기 다르기 때문이다.

그렇다면, 그들에게 온 사춘기는 어린 시절 돌봄과 보육을 해준 부모와 교사 등 타인의 배려로부터 자신을 드러내고자 하는 그들만의 표현 양식이다. 사춘기에 비추어 생각해보면, 그들은 '말 안 듣는 반항아'가 아니라 기존의 생각, 타인의 관념을 그대로 모방하고 수용하기만 하는 수동적인 존재에서 벗어나 자신의 생각을 표현하거나 묵비권을 행사하면서 세상과 소통하는 긴장과 떨림의 시간인 것이다. 그들이 저항하고 반항하며 기존 문화양식을 거부하고 바꾸고자 하는 것은 그들이 가지고 있는 자기만의 새로운 주체적인 존재 양식을 창조하기 위한 몸부림인 것이다(Foucault, 2001, 심세광(역), 2007).

더불어 이는 타인에 의해 길들어 온전히 양육되고 교육받은 대상화에서 벗어나, 자기 정체성에 의문을 제기하고 그들만의 행동양식을 보여 주기 위한 '행위 주체화'로의 전환이다(오재길 외, 2017; 이정우, 2009). 이런 사춘기에 해당하는 초등학교, 중학교 시기의 학생자치는 희로애락이 공존하며 나타날 가능성이 매우 크다. 아직 성숙하지 않은 좌충우돌의 모습은 그들이 성장하는 아름다운 투쟁이며, '자기다운' 현 상태를 해체하여 재창조로 거듭나기 위한 '자기혁신'의 과정이기 때문이다. 따라서 학생들에게 이 시기의 학생자치는 '생각의 봄'을 발휘할 수 있는 자기혁신의 공식적인 교육활동으로 볼 수 있다. 교육자들은 그들이 엉뚱하고 독특하게만 보여 주었던 특별한 행동들을 기존 문화에 부적응한다는 편견에서 스스로 다스리고자 하는 '자치의 봄'임을 우리는 깨닫고 지원해 주어야 한다. 이런 관점이 전제되어야만 학교자치 안에서 학생자치가 제대로 설 수 있다.

교육생태계 속 학생자치

앞서 칸트는 자율을 보편적 규칙, 즉 공동선의 추구를 포함한 자율적인 의지로 보았다. 비행기 승객이 귀찮다고 안전띠를 매고 싶지 않다고 고집 피우면 안 되는 것처럼, 학생 입장에서 본다면 자기 자신이 원하는 대로 자율을 마구잡이로 행사하면 안 된다는 것을 강조한다. 이는 누구나 보편타당한 관점에서 공익이 가능한 자율성을 학생자치에서 발휘해야 함을 시사한다. 이런 자율성은 학교자치에 구성하는 다른 주체들과의 협력적인 수평적 거버넌스를 만들어가면서 나타나야 하고, 학교자치의 상위 구조에서 전해 오는 수직적 거버넌스와의 조화로움 속에서 이루어져야 한다. 학생이라는 주체가 다른 주체자들에 비해 상대적으로 성장의 폭과 잠재성을 크게 가진 존재라고 상정한다면, 학교자치의 성패는 학생자치에 달려 있다고 해도 과언은 아닐 것이다. 따라서 학생자치를 위한 수평적·수직적 거버넌스의 전방위적인 보조성의 원리는 보편타당한 교육적 가치에서 필수 불가결하다.

한편, 푸코는 학생 개개인의 내적 자율에 대한 자기 배려의 기술로 자신을 발견시키고 새로운 모습으로 재창조하고자 하는 관점을 제공해 준다. 자기 자신의 개별적인 존재를 확인하고, 내가 기쁘고 즐거울 수 있는 쾌락의 진정한 자유를 그는 자기 자신의 정체성을 발견하고 자기다움을 만들어내는 자율적 행위의 가능성에서 찾았다. 자신의 선택이 특별하고 소중하며 참다운 자기가 되기 위해 나아가는 자율은 자신의 상황에서 주인의식을 가지는 것이며, 새로운 자기를 창조하면서 보다 나은 모습으로 성장하고자 하는 실천 의지임을 주목한 것이다.

종합해보면, 학생자치는 칸트가 말한 대로 보편적 규칙으로서의 도덕을 준수해야 하고, 동시에 보편적 규칙과 관련한 자기배려적인 자율적 탐구를 통해 학생의 자율성이 신장될 수 있음을 살펴보았다. 전자가 학생자치가 학교자치를 구현하기 위해 공동의 선을 추구하는 '관계적 자율성'을 강조한 것이라면, 후자는 학생자치의 주인인 학생들이 자기 자신을 탐색하고 정체성을 발견하여 참다운 자기를 찾아야 한다는 '창조적 자율성'에서 교육적 함의가 있다고 볼 수 있다.

이러한 맥락에서 학교자치는 민주주의적 관점과 원리에서 바라보아야 한다. 민주주의(democracy)에서 demo(s)는 '민중'을 의미하고, cracy는 '힘'을 뜻한다. 즉, 민주주의란, 대중이 힘을 갖는 것을 의미한다. 그래서 민주주의는 어떤 지배나 통제가 없는 상태에서 그 구성원들의 지혜로 원리가 만들어진다. 그러면서 구성원들 간의 관계뿐만 아니라 구성원 자체에도 성장이 이루어지는 특성을 가지고 있다(고병권, 2011).

이는 학교자치를 구현하는 구성원의 다양한 주체들 간의 관계가 민주적이어야 한다는 것이고, 학교자치 권한을 이양한 관련 주체들 간의 관계 또한 민주적인 특성에 의해 지원되어야 한다는 것을 의미한다(김성천 외, 2018; 한은정, 2019). 앞서 언급한 보조성의 원리, 향상성의 원리, 관계적 자율성, 창조적 자율성 등이 모두 민주주의를 이루는 구성원들의 관계이자 구성원 자신을 성장시키는 특성으로 볼 수 있다.

이러한 학교자치의 구조(structure)와 한 개인(agency)으로 대별되는 행위주체자인 학생은 자기 자신을 성장시키고 타인 및 세상과 상호작용하면서 더 큰 자아가 되고자 한다. 자기를 스스로 조직하여 창조하고, 자신의 성장을 위해 창발하며, 전체와 연결하여 보아야 하는 존재인 것이다. 학생 개인은 혼자가 아니며, 다른 개체와 함께 네트워킹하며 공존하고, 상호호혜적인 공진화(co-evolution) 현상을 겪는다(Brent,

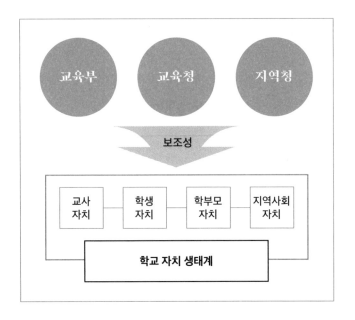

2004). 따라서 학생자치는 학생을 둘러싼 관계성과 학생 자신의 자율성의 조화를 추구하는 것이고, 관계성 속의 자율성이라는 생태주의적 관점을 내포하고 있다(안승대, 2009). 이것은 기존의 수직적이고 위계서열적인 교육 주체들 간의 관계를 상호의존적인 관계성과 수평적 네트워크의 연결망으로 바라볼 수 있으며, 자율성에 기반하는 관계성, 관계성속의 자율성에 기초하여 자치라는 전체적인 통합성으로 학생자치를 통해 바라보게 한다. 따라서 학생자치는 민주적인 원리에 기초하여 학교자치의 시대정신과 교육적 가치로서의 교육생태계가 구축되어야 진정한 자치로서 완성된다고 볼 수 있다.

참고문헌

- 고병권(2011). 『민주주의란 무엇인가』. 파주: 그린비.
- 곽노현(2020). 교육자치, 현장에 묻고 정책으로 답하다(발제1: 교육자치란 무엇인가?). 교육부, 교육자치 2차 포럼.
- 국립국어원(2010). 표준국어대사전.
- 김달효(2016). 학생자치를 중심으로 학교자치실현을 위한 교사의 역할에 대한 토론문. 한국교육정치학회 2016년 추계학술대회, pp. 137~141.
- 김달효(2019). 학교민주주의에 관한 플랫폼 구축 연구. 비교민주주의연구, 15(1), pp. 5~29.
- 김성천, 김요섭, 박세진, 서지연, 임재일, 홍섭근, 황현정 (2018). 『학교자치 - 학교 자치를 둘러싼 다양한 시선』. 서울: 테크빌교육.
- 김성천, 신철균, 황현정, 김영삼(2018). 교육자치·분권화와 국가교육 거버넌스 구축. 대통령직속 국가교육회의.
- 김재춘(2011). 이명박 정부의 교육과정 자율화 정책에 대한 비판적 논의. 교육과정연구, 29(4), pp. 47~68.
- 김혁동, 임현화, 김인엽, 정승환, 하병수(2018). 지방분권화 시대의 단위학교자치 구현 방안. (재)경기도교육연구원.
- 김혜진(2020). 교육자치 현장에 묻고 정책으로 답하다 2차 포럼: (주제세션4) 학교자치 실현을 위한 교원정책의 방향성 탐색. 교육부 교육자치포럼.
- 두산동아(2010). 두산백과사전.
- 박수영, 박영진, 정나라, 오윤혜(2019). 민주시민교육으로서 초등 혁신학교의 학생 자치회 활동 사례 연구. 대구교육대학교 초등교육연구논총, 35(4), pp. 39~57.
- 백규호, 고전(2016). 학교자치 조례의 입법정신과 입법분쟁 분석. 교육법연구소, 28(1), pp. 29~58.
- 서울대학교 사범대학 교육연구소(1981). 교육학대사전.
- 안승대(2009). 생태주의 교육사회학의 시론적 검토. 교육사회학연구, 19(1), pp. 151~175.
- 이광원(2019). 학생자치활동을 통한 민주시민 교육. 사회과교육연구, 26(3), pp. 43~58.
- 이정우(2009). 『주체란 무엇인가』. 파주: 그린비.
- 임재일(2019). 학교혁신과 학교자치: (발제1) 학교자치의 개념과 쟁점. 교육부 2019 대한민국 교육자치 콘퍼런스.

- 오재길, 조윤정, 임종화, 김수현, 송하영(2017). 학생의 시민주체화 방안 연구. (재)경기도 교육연구원.

- 전희영(2016). 학생자치를 중심으로 학교자치실현을 위한 교사의 역할. 한국교육정치학회 2016년 추계학술대회, pp.131~136.

- 정범모(2008). 『한국의 세 번째 기적: 자율의 사회』. 경기: 나남출판.

- 최유리, 허예지, 소경희(2017). 교육과정 자율화 논의에 가정된 교사 자율성 재개념화 (FOUCAULT의 자기배려 논의에 기초하여. 교육과정연구, 35(2), pp.119~141.

- 한은정, 정미경, 이선영, 유경훈, 김성천, 신철균(2019). 지방교육자치 역량 강화 방안 연구. 한국교육개발원 연구보고 RR 2019-02.

- 홍은영(2012). 푸코와 자기배려의 윤리학. 철학연구, 46, pp.277~309.

- Hargreaves, A.(2019). 경기혁신교육 10주년 국제콘퍼런스: 존엄과 행복, 교육 변화를 위한 차세대 세계 과제(Dignity and Wellbeing: the next global challenge for educational change). 경기도교육청.

- Brent D.(2004). Inovations of Teaching: A Genealogy. 심임섭 옮김(2014). 『구성주의를 넘어선 복잡성 교육과 생태주의 교육의 계보학』. 서울: 씨아이알.

- Foucault, M.(1984). Histoire de la sexualité 2: L'usage des plasirs. Paris: Gallimard. 문경자·신은영 옮김(2004). 『성의 역사2: 쾌락의 활용』. 경기: 나남출판.

- Foucault, M.(1988). Technologies of the self. In L. H. Martin, H. Gutman, & P. H. Hutton(Eds.), Technologies of the self: Seminar with Michel Foucault. The university of Massachusetts Press. 이희원 옮김(2002). 『자기의 테크놀로지』. 서울: 문예신서.

- Foucault, M.(2001). Michel foucault: L'hermemeutique du sujet - Cours au College de France, 1981-1982. Editions ju Seuil. Gallimard. 심세광 옮김(2007). 『주체의 해석학』. 서울: 동문선.

- Sandel, M.(2009). Justice: What's the right thing to do? 이창신 옮김(2010). 『정의란 무엇인가?』. 서울: 김영사.

Chapter 2.
학생자치의 실제
— 성공적인 학생자치를 위한
네 편의 에세이

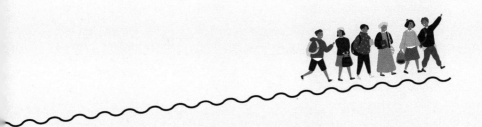

1. 초등 학생자치,
민주적 시공간에서 피는 꽃

학생, 학교 공간의 민주적 시간을 찾아가다

어느 날 문득 뒤돌아보니 '민주적 학교 문화'라는 표현이 우리의 삶에 성큼 다가와 있었다. 우리가 민주적인 학교에 속해 있든지 아니면 비민주적인 문화로 에워싸인 학교에서 근무하든지 '민주주의'라는 단어는 어느 때보다 우리의 교육현장에 큰 의미로 다가와 있음이 분명하다.

　　한때 상당히 비민주적인 문화풍토가 조성된 학교에 근무했던 시절이 있었다. 내가 겪은, 아니 어쩌면 나 혼자만 유난히 느꼈을지도 모르는 비민주적인 학교 상황들에 대해 내 나름대로의 마음속 갈등을 경험하며, '학교 민주주의', '민주적 학교 운영' 등에 대해 고민하고 한없이 좌절했던 시절이 떠오른다. 길을 걷거나 운전을 하면서도 '왜 학교는 이렇게 경직된 것일까?', '왜 잘못된 권위에 맞설 용기는 자꾸만 약해지고 마는 것일까?', '비민주적인 습관에 젖어있는 삶이 민주적으로 변화되기란 그토록 힘든 것일까?'와 같은 고민들이 내 뇌리에서 떠나지 않았다. 동료들과 이에 대한 고민을 토로하며 이야기 나눈다고 당장 무언가 달라지기는 힘들었지만 변화가 어려운 만큼 더 절실한 필요를 느꼈다.

무엇보다도 견디기 힘들었던 것은 나 자신이 민주적인 문화에 대해 그토록 갈망하고 번민하였음에도 불구하고, 비민주적인 문화 속에서 내가 부여받은 삶의 방식들은 나도 모르게 교실 속 나의 학생들에게 영향을 미치고 있었다는 것이다. 분명 내 마음은 교실에서 민주적 문화를 만들어가고 있다고 생각했으나 나의 몸은 비민주적인 조직 안에서 균형이라도 맞추는 듯이 알게 모르게 비민주적인 틀을 안내하고 있었던 것이다. 그렇다면 그 시간 속의 나 또한 교실 안 누군가에게 내가 하고 있는 고민들을 불러일으키게 하는 존재일 수도 있지 않았을까?

내가 겪는 비민주적 경험과 상황들이 아이들에게 큰 영향을 미친다는 것을 뼈저리게 느꼈던 시간이 어쩌면 내게는 너무나 감사한 시간이다. 아이들과의 시간 속에서 민주적인 교사가 되기 위해 늘 내 모습을 애써 들여다보아야만 했기 때문이다. 어느덧 세월이 흘러 매우 민주적인 문화가 형성되어 있는 학교에 근무하면서 나의 몸은 자연스럽게 나의 마음과 맞물리며 평정을 찾아가는 느낌이 들기도 했다. 학교라는 공간에서 겪는 민주적 시간의 흐름은 나와 우리 아이들 또한 민주적인 삶을 자연스럽게 살아나갈 수 있도록 이끌었다.

민주적인 학교 문화 속에서 생활한다는 것은 내 삶 또한 더욱 민주적이 되어간다는 의미이다. 자신이 온종일 속해 있는 조직의 문화와 풍토는 나의 삶, 행동, 언어에 고스란히 영향을 미치기 때문이다. 이는 곧

Chapter 2. 학생자치의 실제

내가 거하고 있는 공간의 문화가 나를 만들어간다는 의미이다. 학교의 민주적 문화는 그렇게 교사 개인의 삶, 더 나아가 학생 및 학부모의 삶에도 영향을 미친다.

우리가 학생들로 하여금 자신의 삶에서 주체적이고 자율적으로 살아갈 수 있도록 돕기 위해서는 학교 안의 민주주의가 필연적이다. 학생들의 자치활동 또한 민주시민성을 기를 수 있도록 이끌어 가는 공교육과 그 연장선상에서 펼쳐지는 민주적 삶 자체로부터 시작된다고 말할 수 있을 것이다. 결국 학교 공간의 민주적 시간을 찾아가는 과정에서 학생자치는 시작된다.

우리가 보통 학생자치를 말할 때 가장 먼저 떠오르는 것이 학생회 활동일 것이다. 학생회를 통하여 학생의 의견이 학교 운영에 반영되는 것, 그것만으로 학생자치를 말할 수 있을까? 아니면 학급회의나 학년다 모임을 활성화하는 것으로 충분히 학생자치를 구현해 나갈 수 있는 것일까? 학생자치는 단지 학급회의, 학생회에서 머무르지 않는다. 교과의 전 영역, 학교생활 자체에서 자치가 이루어져 궁극적으로는 학생이 자신의 삶을 주체적으로 살아나갈 수 있도록 돕는 방향으로 나아가야 할 것이다.

학생자치는 과정인 동시에 방향이며 결과이기도 하다. '학생자치'에 의해 '학생자치'가 구현된다는 의미이다. 학생과 관련된 학교 운영의 과정이나 학교행사, 학생생활에 관련된 내용을 스스로 결정하고 의견을 개진하는 것은 결코 학생회나 학급회의의 단면 속에서만 나타나는 것이 아니다. 학생들의 자치력이 확장되는 다양한 교육활동 속에서 자연스럽게 발현되는 것이다. 그러므로 여기서는 학급자치 및 동아리, 학교행사 등의 영역을 넘어 교육과정의 계획과 실행 속에서 학생이 구현할 수 있는 자치까지 확장하여 제시하고자 한다.

학생자치를 통한 학생의 성장이 민주시민으로 나아가는 발걸음이라고 볼 때 학교라는 공간은 절대적으로 민주적인 공간이어야만 한다. EU에서 정의한 시민교육의 내용은 '효율적이고 건설적인 상호작용', '비판적 사고', '사회적 책임지는 행동하기', '민주적으로 행동하기'의 4가지 범주로 구성된다.[1] 그러한 범주들은 자율성, 미디어 리터러시, 환경 보호, 참여하기 등을 포함하여 41가지의 내용으로 구성되어 있는데 이는 결코 어떤 특정한 교과에서만 다루는 내용이 아니다. 다양한 교과 속에서 인권, 정의, 정치 등과 관련하여 다각도로 접근되어야만 한다. 이제부터 학생자치가 온전히 구현될 수 있는 민주적 시공간을 만들어가기 위해 교육과정과 학교문화의 측면에서 직접 실천한 내용들과 더불어 다양한 학생자치활동의 예들을 살펴볼 것이다. 이를 위해 초등 학생자치의 사례들을 교육과정, 학교문화, 사회참여의 관점에서 각각 접근하며, 그 안에서 펼쳐지는 민주적 시간을 차근차근 들여다보고자 한다.

학생, 교육과정에서의 자기결정권을 찾다

교육과정의 주인은 누구인가? 무엇을 어떻게 가르치고 배울지에 대한

---

1 European commission/EACEA/Eurydice(2017). Citizenship Education at schools in Europe-2017. Eurydice Report. Luxembourg: Publication Office of the European Union. Retrieved from https://op.europa.eu 48쪽 참조.

112   Chapter 2. 학생자치의 실제

고민의 과정이자 결과인 교육과정을 엮어가는 과정에서 학생들은 충분한 자기결정권을 갖고 있는가? 학생이 주체가 되어야 하는 교육활동이 자신들의 의견을 통해 수정될 뿐만 아니라, 직접 목표를 수립하고 활동을 직접 계획해 나갈 수 있는 수준에까지 이를 수 있다면 교육과정은 학생의 삶 속에 더욱 큰 의미로 다가오지 않을까? 교육과정의 계획과 수업의 실행과정 안에서 학생들에게 의사표현의 기회를 주고 결정권을 제공하는 것은 민주적 환경 속에서 학생자치가 꽃피울 수 있도록 밭을 일구는 일이다. 이를 위해 학생들에게 필요한 것 중의 하나는 교실 안에서 자신의 생각과 의견을 드러내는 연습이다. 의견 제시의 반복적인 경험은 결국 더 나아가 삶에서의 자율성과 주체성으로 이어지게 된다.

교육과정에서의 자기결정권을 학생들에게 제공한다는 것은 자기주도적인 학습의 측면과도 연계하여 바라볼 수 있다. 그리고 이에 대한 구체적인 방법론을 떠올려볼 때 학생들에게 결정권을 준다는 것이 결코 교사가 구조화된 체계를 제시하지 않거나 개입하지 말아야 함을 의미하는 것은 아니다. 오히려 Treffinger(1975)가 제시하는 바대로의 자기주도적 학습은 구조를 없애는 것이 아니라 학습자의 관심사 및 개인적 특성을 지지하는 구조를 만드는 것이다. 또한 자신의 결정에 따른 수행에 있어 공동체와 협력할 수 있는 방향으로 나아갈 수 있어야만 한다. 결국 교사의 구조화된 지지를 기반으로 하여 자율적이고도 민주적으로 교육활동을 결정해 나가는 시간이 필요한 것이다. 그리고 이는 학생들이 현재 밟아가고 있는 단계 혹은 각 학생이 지닌 역량에 따라 활동의 선택 기회만을 줄 것인지, 교육활동을 교사와 함께 계획하는 단계로 할 것인지, 아니면 더 나아가 교육목표와 내용을 정하고 스스로 평가 기준을 마련하여 수행하는 수준까지 이를 것인지를 교사는 학생 관찰을 통해 고민하고 결정해야만 할 것이다.

1) 학생들이 재구성한 공간혁신프로젝트

학생자치가 열매 맺을 수 있는 공간, 그리고 민주적 시간과 관련하여 한 해 동안 아이들과 함께 엮어온 교육과정을 머릿속에 그리다 보니 가장 먼저 우리 5학년 학생들이 4학년 후배들과 함께 진행했던 공간혁신프로젝트가 떠오른다. 학교 차원의 도서관 리모델링을 위한 민주적 의견 수렴 작업을 우리 학년 교육과정 속에서 구현할 수 있는 기회를 얻을 수 있었던 것은 아이들에게도 나에게도 참으로 의미 있는 일이었다. 4~5학년이 함께 도서관 리모델링을 위한 사용자 참여설계 수업을 실시하게 되었고, 그 과정에서 공간혁신전문가의 지원을 받는 프로젝트를 시작하게 되었다. 프로젝트의 기본적 플랜은 학교공간혁신 건축전문가에 의해 구안되었고 전문가와의 수업은 공간혁신에 대한 강의에서부터 시작되었다.

프로젝트를 시작하던 첫날 1차시 수업에서의 아이들 표정이 떠오른다. 공간혁신촉진자의 자세한 안내에도 '이게 뭐 하는 거지?' 하는 표정으로 물끄러미 바라만 보던 아이들의 얼굴이 말이다. 교실에서 도서관 공간혁신 프로젝트에 대해 나 스스로 충분히 안내하고 아이들도 많은 부분을 이해했다고 생각했는데 아직은 자신들의 것으로 느끼지 못한 모양이었다.

아이디어 발상 단계에서는 아이들도 활동 자체에 꽤 흥미를 느꼈다. 그러나 과연 그러한 작업들이 자신들에게 얼마나 의미 있는 시간인지를 아직 마음으로 느끼지 못하는 것 같았다. 앞으로 걸어가야 할 교육과정의 길을 학생들의 발걸음으로 직접 걸을 수 있도록 도와야 할 때라는 생각이 들었다. 비록 학교의 공모사업으로 시작된 교육활동이지만 그 과정에서만큼은 철저히 학생들의 요구를 민주적으로 반영할 수 있어야만 진정으로 학생과 함께하는 공간혁신인 것이다. 또한 내용적 측면에서도 학생들의 생각 흐름 및 의견 초점에 따라 재구성해야 할 필요를 느꼈다.

아이들과 함께 우리가 학교도서관을 아름답게 리모델링하기 위해 무엇을, 어떻게 하면 좋을지를 처음부터 다시 고민하기로 했다. 왜 우리가 공간혁신을 하려고 하는지, 사용자 참여설계수업이 우리 학생들에게 어떤 의미가 있는지를 아이들의 언어로 표현할 수 있는 시간을 가졌다. 그 예로 1학기에 우리가 함께 머리를 맞대고 계단의 쉴 공간을 구성하기 위해 퍼실리테이션을 했던 시간을 뒤돌아보았다. 서로의 의견이 모여 아름답고 편안한 쉼터가 만들어졌고, 전교 학생들로부터 쉼터 이름을 공모하여 '구름계단'이라는 공간으로 재탄생했던 기억부터 다시 떠올렸다. 공간혁신에 직접 참여하는 과정을 통해 학생들이 경험하게 될 민주적 시간에 대해 안내하고 이를 통해 성취하고자 하는 목표에 대해서도 이야기를 나누면서 아이들은 조금씩 우리의 공간혁신 프로젝트에 대해 적극적인 관심을 보이기 시작했다.

공간혁신 프로젝트와 관련한 주제통합의 근거가 된 교육과정 성취기준을 칠판에 적고 함께 살펴보기도 했다. 성취기준들을 토대로 수업 및 인사이트 투어의 과정에서 어떤 평가 관점을 가지고 자기 및 상호평가를 해야 할지 학생들과 1시간 동안 토의를 진행했다. 예를 들어 미술 교과에서는 '[6미02-02] 다양한 발상 방법으로 아이디어를 발전시킬 수 있다.'라는 성취기준과 관련하여 '다양한 방법을 활용하여 자신의 아이디어를 창의적으로 발전시키는가?'라는 평가 관점을 가지고 스스로 돌아볼 수 있도록 합의하였다.

　　프로젝트 시작 전 계획되었던 사용자참여 설계수업의 과정에 우리 반만의 특별한 토의과정들을 추가하기로 했는데 시간이 흐를수록 학생들이 학교 차원에서 계획한 수업에 더하여 자신들의 생각과 의견을 좀 더 활발하게 나눌 수 있는 시간을 갖기 원했기 때문이었다. 그러한 학생들의 요구를 토대로 심화된 토의과정을 경험할 수 있도록 국어과 교육과정의 '[6국01-02] 의견을 제시하고 함께 조정하며 토의한다'는 성취기준을 바탕으로 관련 수업을 구상하고 토의활동을 진행하였다. 절차에 따라 진행되어가는 프로젝트 속에서 아이들의 관심이 극대화되고 공간혁신을 자신의 문제로 이끌어 오는 모습을 보며, 교육과정이 구현되는 과정에서 학생들의 의견이 더욱 깊이 있게 논의되는 시간이 매우 절실함을 느꼈다. 학교공간혁신 건축전문가에 의해 구안되었던 프로젝트의 계획 및 학교 차원에서의 교육과정 운영 흐름과 함께 가되, 우리반 학생들의 다양한 의견을 바탕으로 재구성되어 진행된 우리만의 공간혁신 프로젝트는 다음과 같다.

〈표 3〉 학교공간혁신 건축전문가에 의해 구안된 도서관 리모델링 프로젝트

연번	교육활동	차시
1	■ 공간혁신 프로젝트 안내 및 공간혁신에 대한 이해 강의 ■ 요구분석 및 아이디어 도출 　(아이디어 맵핑, 아이디어 분류, 가상인물의 일과를 시나리오로 써보기)	2
2	■ 아이디어를 그림이나 글로 표현	2
3	■ 인사이트 투어 　(내를건너서숲으로도서관, 판교어린이도서관, 시흥어린이도서관, 현대어린이책미술관 등)	6
4	■ 디자인 대로 모형 만들어 전시 ■ 공유하면서 아이디어 추가	2

〈표 4〉 학생들이 함께 고민하며 재구성하여 실천한 공간혁신 프로젝트

연번	교육활동	교과	차시	비고
1	■ 공간혁신 프로젝트 안내 및 공간혁신에 대한 이해 강의 ■ 요구분석 및 아이디어 도출 　(아이디어 맵핑, 아이디어 분류, 가상인물의 일과를 시나리오로 써보기)	실과	2	
2	■ 우리가 함께하는 공간혁신에 대한 토의 및 학생들이 　원하는 교육활동 계획 　(우리가 왜 공간혁신을 해야 하는가? 　사용자참여설계수업은 우리에게 어떤 의미가 있는가?)	동아리	1	
3	■ 아이디어를 그림이나 글로 표현	실과	2	
4	■ 인사이트 투어중 탐색할 내용 계획 ■ 인사이트 투어에서의 평가 기준 논의	국어	2	
5	■ 인사이트 투어 　(내를건너서숲으로도서관, 시흥어린이도서관)	실체도 자봉미	6	
6	■ 인사이트 투어 후 탐색 내용을 토대로 한 1, 2차 토의 활동 　(투어직후 sns를 활용한 토의 내용을 기반으로 함)	국어	2	
7	■ 디자인대로 모형 만들어 전시 ■ 공유하면서 아이디어 추가	미술	2	
8	■ 모형 제작 작업 과정에 대한 성찰	미술	1	

| 9 | ■ 모형에 대한 추가 아이디어 적용 및 재작업
■ 학년별 공유 및 발표 | 실과 | 2 | 건축전문
가에 의한
차시 추가 |
| 10 | ■ 설계 및 제작 작업에 대한 평가
■ 공간혁신 프로젝트 성찰 | 미술 | 1 | |

공간의 재구조화와 관련된 사고가 더욱 유연해지고 확장될 수 있도록 계획한 인사이트 투어를 통해 우리 아이들의 공간혁신 프로젝트에 대한 관심은 더욱 극대화되었다. 투어 장소 또한 학생들의 의견을 반영했으면 좋았을 테지만 이 부분은 그렇게 진행되지 못했다. 투어를 떠나기 전 우리가 무엇을 살펴보고, 어떠한 것들을 고민하면 좋을지에 대해 모둠 및 전체 토의를 한 후 평가해야 할 부분들은 각자 탐방수첩에 미리 적어보았다. 또한 투어의 과정에서 얻어낸 자신의 경험과 영감에 대한 나눔은 투어 후 저녁 시간에 메신저 단체방에서 하기로 했다.

온라인상에서 학급토의를 하며 가장 많은 관심을 이끌어 낸 5가지의 주제를 토대로 1차, 2차에 걸친 토의활동을 진행하였다. 토의의 결과는 공간혁신 촉진자와 함께 도서관 설계 모형 작업 시 반영하고, 학생들이 논의한 결과가 전문가의 설계과정에 반영될 수 있도록 내용을 공유하였다. 우리 아이들이 지속적으로 활용할 도서관과 관련된 논의였기에 학생들에게는 자신의 삶과 관련된 중요한 문제로서 다가왔고, 더 적극적으로 계획과 실행과정에 참여할 수 있었다.

교육과정의 계획과 운영과정에서 학생들의 의견이 충분히 반영될 수 있는 시간을 펼쳐가는 것은 민주적 시민성이 발현되도록 돕는 것이다. 한편, 학생의 의견 반영과 교사의 개입 범위를 조율하는 것은 교사가 갖추어야 할 전문성의 영역이다. 학생자치가 구현되는 교실을 위하여 학생의 역량에 대한 진단 및 세밀한 관찰을 기반으로 교육과정에서의 민주주의가 실현될 수 있도록 이끌어야 한다. 학생과 교육과정 계획의 결정권을 나누고, 때로는 더 큰 결정의 권한을 부여한다는 것은 교사에게도 큰 도전이자 새로운 경험의 연속이다. 교사는 자신이 계획한 나름의 교육과정 운영 계획이 있고 그것을 모나지 않게 잘 수행해나가고자 하는 욕구가 있기 때문이다. 그러므로 그 과정 속에 학생이 함께 개입하고 오히려 학생들이 교육과정 안의 주연배우로 설 수 있도록 공간을 허한다는 것은 교사가 교실 안에서의 민주적인 삶을 지향하고자 할 때 비로소 가능한 것들이다.

2) 학생들이 엮어나간 영화 만들기 프로젝트

'가장 인권적인 가장 평화적인 프로젝트'는 인권 및 평화감수성 함양을 위해 학년 초에 얼개를 짜고 여름방학 중에 구체적 초안을 구성하였던 프로젝트였다. 인권 및 평화 관련 책을 통해 토론활동을 하며 생활 속 인권문제를 해결해 나가고자 하였고, 그러한 과정들을 성찰하며 글쓰기 작업을 진행하고자 계획을 세웠다.

그러나 2학기에 학생들에게 프로젝트를 소개하며 이야기를 나누다 보니 우리 학년이 1년 동안 진행하고 있는 '장수시민 프로젝트'와 연계하여 영화를 만들어보는 것이 좋겠다는 의견이 많이 제시되었다. 의견 수렴 및 조율의 과정을 거쳐 우리는 계획했던 프로젝트 초안에 더하여 인권·평화 미니영화를 만들어보기로 했다. 두 프로젝트를 연계하여 영화를 만들 수 있는 시간을 많이 확보할 수 있어서 좋기도 했다.

1학기에 인권 친화적 학교 문화 조성을 위해 '장수시민 프로젝트'의 일환으로 세계인권선언문, 유엔아동권리협약 등을 함께 살펴보며 학교생활의 불편함을 해결할 수 있는 교실인권선언문을 만들었던 경험을 다시 떠올리며 프로젝트를 시작했다. 인권 및 평화에 대한 책을 읽고 토론하며 글을 써보는 활동을 통해 나름대로 인권·평화에 대한 민감성을 지닐 수 있도록 노력하였지만, 그와 관련하여 영화를 만든다는 것이 결코 쉬운 일은 아니었다. 아무리 짧은 작품일지라도 말이다. 영화 만들기에 관한 부분은 나도 아이들도 지식이 부족했기 때문에 책을 읽고 자료를 찾아 아이들에게 정보를 주고 방법을 알려주는데도 한계가 있었다. 때로는 나보다 학생들이 더 좋은 정보를 찾았고, 장면들을 찍어 나가면서 오히려 나에게 팁을 주기도 했다. 아이들에게 더 힘이 되어 주어야 하는데 그러지 못하는 내가 때론 부끄럽기도 했다. 뭔가 제대로 되어가고 있지 않은 느낌이었다. 아이들도 나와 동일한 감정을 경험하고 부족한 부분을 어떻게든 채웠으면 좋겠다는 심정을 토로했다.

우리는 다시 시작해보기로 했다. 학생들과 방법을 고민하다가 영화 만들기와 관련한 전문가를 하루라도 모셔 그동안 우리가 진행해온 과정들을 설명하고 이에 대한 피드백을 바탕으로 수정을 해보기로 했다. 처음부터 전문가를 모셔왔더라면 참 좋았을 텐데, 학생들과 실패를 경험하기 전에는 그 생각을 하지 못했고, 나도 아이들도 자꾸 헤매다 보니 누군가의 도움이 절실히 필요하다는 생각을 했던 것이다.

실패를 통한 문제해결의 과정은 참으로 매력적이었다. 교사도 아이들도 처음으로 돌아가 다시 철저히 고민하였고 아이들이 영화를 찍는 데 있어서 필요한 부분들을 반영한 콘티 및 시나리오 활동지부터 다시 제작했다. 『영화 만들기로 창의융합 수업하기』라는 책의 저자인 고들풀 선생님을 모셔서 우리 아이들이 거쳐 온 과정에 대해 나누고 피드백을 받으며 앞으로 어떻게 진행해야 할지 함께 고민하였다. 원데이클래스로 계획하여 오전 내내 전문가 선생님과 함께 고민을 나눌 수 있었기에 학생들이 필요한 부분은 토론과 제작 작업을 모둠별로 진행하며 운영할 수 있었다.

학생들의 미니영화 만들기 작업은 날개를 단 듯 매우 즐겁고 신나는 작업으로 전환되었다. 급기야는 전문가 선생님께 여쭤볼 게 더 있다고 너무 졸라대는 나머지 없는 예산을 끌어모아 짧은 시간이나마 한 번 더 전문가를 모셔 작품에 대한 최종 피드백을 받기도 했다. 그리고 영화를 보면서 작품을 찍을 때 어떻게 해야 할지 영감을 얻어야 한다며 함께 〈겨울왕국〉 영화까지 보러 가게 되었다. 그렇게 아이들이 함께 호흡하며 만들어간 '가장 인권적인 가장 평화적인 프로젝트'의 인권·평화 미니영화 만들기는 학년시사회와 우리 5학년의 형제학년인 2학년 친구들을 초대한 시사회에서 질문과 소감을 폭풍같이 나누며 막을 내렸다. 시사회의 처음부터 끝까지 모든 것들은 우리 아이들이 정성껏 준비하고 개최하였다. 성장의 시간이었다. 온전히 아이들의 니즈에 내가 이끌려가듯 그렇게 만들어간 시간이었다.

교육과정의 계획 및 실행에 있어 학생들이 끊임없이 자기결정을 연습하도록 이끄는 것은 진정한 학생자치를 위한 중요한 발걸음이다. 교육과정에서의 민주주의를 지향하며 교사와 함께 학생들도 교육과정의 주체가 될 수 있도록 방향을 제시하고 길을 닦아주는 일은 결국 우리 학생들이 삶의 주체로 설 수 있도록 돕는 길이기도 하다. 학생자치가 본질적으로 추구하는 목적을 생각한다면 학생들이 교육과정 속에서 자신들의 목소리를 표현해낼 수 있는 기회를 끊임없이 제공해야 함을 결코 잊지 말아야 할 것이다.

학생, 학급과 학교문화를 세워가다

학생이 기존의 학교문화 속에 익숙해져만 가는 것이 아니라 스스로가 바람직하다고 믿는 문화를 만들어갈 수 있을 때에야 비로소 학생자치는 작동된다. 민주적 합의에 의한 삶의 규칙을 만들어가며, 학교에서의 다양한 교육활동 속에서 학생이 주도적으로 이끌어 가는 문화는 학생자치가 구현되는 과정에서 우리가 흔히 볼 수 있는 단면들이다. 물론 그러한 모든 과정이 단지 일회적인 행사로서가 아니라 교육과정 안에 스며들어 서로 연계성을 갖고 이루어질 때 더욱 의미가 있을 것이다.

　학교는 학생들이 매일 민주적 삶을 배우고 연습할 수 있는 공간이다. 특히 학생과 교사가 매일 함께하는 접점인 교실에서는 다소 의도적이고 계획적인 교사의 가치와 철학이 반영된 활동들이 이루어진다. 교사가 지닌 민주적 가치관 및 삶의 태도가 학생들에게 그대로 전이되는 것이다. 어느 한 장면이 아니라 끊임없이 이어지는 민주적 순간들이 이어져 잠재적인 교육과정으로 다가가게 된다. 교사로서 학생들에게 미칠 영향을 생각하며 학생들과 함께 민주적인 문화를 세워가기 위해 노력했던 단면들을 떠올려본다.

1) 민주적으로 자리 바꾸기

3학년 학생들을 담임했던 때였다. 매달 자리를 바꾸면서 '지난달보다 더욱 민주적으로 자리를 바꿀 수 있는 방법이 뭐가 있을까?'를 며칠 동안 고민했었다. 5월 긴 연휴에 들어가기 전 아이들은 자리 바꿀 때가 되었다고 아우성이었다. 그러나 그날 가족동반체험학습을 내고 오지 않은 친구들이 몇몇 있었다. 아이들과 이야기를 하다 보니, 그 친구들이 없는데 자리를 바꾼다는 것은 모두에게 공평한 기회가 주어지지 않는 것이라는 사실에 모두 동의하게 되었다. 그래서 자리는 연휴 끝나고 바꾸는 것으로 하고 연휴 동안 민주적으로 자리를 바꿀 수 있는 좋은 방법들을 고민해보자고 했다. 그 전 달에는 모둠 친구들이 차례대로 나와 칠판에 그려진 좌석배치도에 자신이 원하는 자리에 이름을 써넣는 방법으로 진행했었다. 자신들이 선택한 자리이니 대부분 만족한 듯했지만 당시 머릿속에는 이런 질문들이 또다시 생겨났다.

- 우리 모두에게 공평한 기회가 주어졌다는 생각을 할 수 있기 위해서는?
- 자리 바꾸는 활동 속에서 협의와 소통이 있는 민주주의를 느낄 수 있게 하기 위해서는?
- 아이들의 창의적인 의견을 반영할 수 있는 방법은?
- 시력이 좋지 않은 친구들은 어떻게 배려할 것인가?

4가지 질문에 대한 해답은 아이들이 내게 선물로 안겨주었다. 논의 끝에 우리는 다음의 과정을 거쳐 자리를 바꾸기로 했다.

짝으로 매칭될 수 있는 동화나 영화 속 인물들의 이름이 떠오르는 대로
쉬는 시간에 칠판의 종이에 써넣어 생각 모으기

매칭될 짝이 쓰인 쪽지 뽑기

남자친구들의 쪽지나 여자친구들의 쪽지만 다시 모으기

선생님이 쪽지를 뽑는 순서대로 좌석표에서 앉고 싶은 자리를 정하기
(짝과 함께 서로 배려하며, 시력이 좋지 않은 친구들은 앞쪽으로 선택)

　

그렇게 해서 우리는 아주 재미있고도 공평하게 자리를 바꾸었다.
그리고 자신이 속한 모둠에 누가 있든지 서로의 색깔을 존중해줄 것을
약속하고 마무리하였다. 처음부터 끝까지 아이들의 생각으로 만들어갔
던 시간이라 학생들도 교사도 참 행복했던 기억이 난다.

2) TF를 통한 학급자치 문화 만들기

우리 교실에서는 학생들의 의견과 눈높이에 맞춘 자신의 문화를 만들
어가기 위해 수시로 TF를 만들어 운영한다. 교실 안에서 발생하는 다양
한 상황 및 활동들과 관련하여 희망학생들이 TF를 구성하고 그 사안에
대한 내용을 함께 토론하여 학생들이 합의한 방식으로 해결 방안을 제
시하는 것이다. 일례로 올해는 '학급파티 TF', '친구들 간식 제공 TF', '학
급문제 해결 TF', '미래교실 청소 TF', '친구를 도와 수조 안의 개구리 놓
아주기 TF', '자리바꾸기 TF', '학급번개회의 TF', '우리 반 뮤직공장 라디

오 사연 들려주기 TF' 등 수많은 TF들이 결성되어 학급의 일들을 주관하였다. 이러한 TF의 결성은 자신의 의사결정을 바탕으로 한 문제해결의 문화가 자리잡는 데 도움을 준다.

TF가 학급 전체 학생들의 의견 수렴이 있어야 할 때에는 누구든 원하는 친구가 사회자가 되어 회의를 진행할 수도 있다. 수시로 TF가 결성되기에 모든 학생에게 참여의 기회는 열려 있으나 적극성이 부족한 학생은 자율적으로 참여하려는 노력을 하지 않는 경우도 있다. 그래서 교사가 필요하다. 학생들을 잘 관찰하여 평소에 관심사와 성향을 잘 파악하고 그 학생에게 맞는 TF에의 참여를 제안하면 소극적인 학생에게도 기회가 열린다. 교사는 TF가 토론과 의사결정, 수행과정을 통해 사안을 잘 해결해 나갈 수 있도록 지지와 지원을 해주면 된다. 초등에서는 담임교사가 수업 속에서 적극적으로 질문과 토론이 있는 교실을 만들어 갈 수 있기에 교육과정과 연계한 학급 자치문화 만들기는 훨씬 자연스럽게 이루어질 수 있다.

3) 학급에서 학교로 관심을 넓혀가기

의견 결정 및 수행과정을 통해 학급 안에서의 자율적 주체로서 학생들 스스로 문화를 형성해 나가는 연습은 곧 학교 문화를 만들어가는 힘과도 연결이 된다. 학급 안의 다양한 활동에서 자신의 목소리를 드러내고 의견이 반영되어 학급의 문화를 세워가는 경험을 몸소 했을 때 학생들은 비로소 학교의 일들에 눈을 돌리고 관심을 보이게 된다. 학급에서 목소리 내기와 참여를 연습할 수 있는 장을 제공해주는 것과 동시에 교사는 학생들이 학급에서 더 나아가 학교문화, 그리고 사회적인 문제에 이르기까지 관심을 가질 수 있도록 넛지(nudge)를 행해줄 수 있어야 한다. 우리 아이들이 나와 너, 그리고 우리를 넘어서서 자신과 관련이 없다고 느껴질 수도 있는 사회적 현안들에 관심을 가지고 참여할 수 있는 삶 속의 힘을 기르는 것은 학생자치가 궁극적으로 나아가야 할 바이다. 결국 공교육이 지향하는 바로서의 민주시민교육을 위한 필연적 발걸음인 것이다.

학급자치를 통해 얻은 학생들의 자치력은 학년 및 학교 활동에서 발현이 된다. 우리 반 학생들의 경우 학교에서 학생의 의사결정을 통해 이루어질 수 있는 활동들에 다양한 경로를 통하여 참여하도록 서로가 동참을 권유하는 모습이 자주 보였다. 참여는 결코 혼자 하는 것이 아님을 아이들의 활동 양상 속에서도 엿볼 수 있다. 학교 체육대회를 위한 TF 모집 공고를 보고 참여의식이 발동한 학생 몇 명이 친구들과 함께 TF에 참여하고, 도서관을 정리하며 1학년 학생들에게 책을 읽어주는 동아리에도 관심 있는 친구 한두 명이 친구들을 함께 모아 1년 동안 적극적으로 참여하는 모습은 교사에게도 꽤 도전이 되는 모습이었다.

학교에서 새로이 조성되는 공간들에 대한 이름을 공모할 때도 그냥 '누군가가 공모하겠지'가 아니라 적극적으로 그 공간에 어울리는 이름을 함께 머리 맞대고 논의하는 경험 또한 학교공동체의 중요한 구성원으로서의 자부심을 경험할 수 있는 좋은 기회였다. 방과후연계형 돌봄교실 이름이 우리 반 학생들의 의견 수렴 과정을 거쳐서 선정된 '꿈나무쉼터'로 결정되었을 때 아이들이 마냥 뛰며 기뻐했던 모습은 아마도 '나 또한 학교의 주인공'이라는 마음을 다질 수 있었기 때문이 아니었을까? 자신의 목소리가 반영될 때 비로소 학생들은 공동체 구성원으로서의 소속감을 갖게 되고, 이것이 결국 학생자치를 실현해나갈 수 있는 힘이 된다.

4) 모두에게 기회가 열려 있는가?

학생자치를 말할 때 우리는 보통 학생회를 떠올리게 되고 학생회에서의 회의를 통하여 학교행사나 활동을 계획하고 주관하는 과정 및 결과들을 생각하게 된다. 하지만 학생회 활동의 활성화를 과연 학생자치의 활성화로 동일시하여 바라볼 수 있을까? 학생회 활동은 학교 안 모든 학생의 자치력을 향상시킨다는 것을 전제로 이루어지고 있는 것일까? 어쩌면 그 또한 학생들 내에서의 또 다른 권력집단이 문화형성의 주도권을 잡는 모습의 일면일 수도 있지 않을까? 혹여나 학생들 안에서도 소외되는 그룹이 있지 않을까? 과연 학생회를 통해 모든 학생의 의견이 민주적으로 반영되고 있는 것일까? 다음의 사례들을 돌아보며 학생자치가 진정으로 나아가야 할 바에 대해 고민해보기로 하자.

우리 학교에는 '구름계단'이라는 학생들의 쉼터가 있다. 이 공간이 만들어진 계기는 5~6학년 학생들이 쉬는 시간에 친구들과 함께 도란도란 이야기를 나눌 수 있는 장소가 전혀 없었기에 복도에서 옥상으로 올라가는 계단에 학생들을 위한 쉼과 나눔의 공간을 조성한 것이다. 5~6학년 시민동아리활동을 통해 그 공간을 어떻게 구성하면 좋을지 퍼실리테이션을 통해 생각을 나누었고, 학생들의 의견을 적극 수용하여 실내화를 벗은 후 앉거나 누울 수 있는 푹신하고 알록달록한 공간으로 구성하였다. 그 공간의 명칭 또한 전교 학생들에게 이름 공모의 기회를 제공하여 '구름계단'이라는 이름으로 결정이 되었다.

공간을 구성하고 이름을 결정하는 단계까지는 학생들의 의견이 충분히 반영되었다고 볼 때 그것까지가 과연 학생자치의 결과물일까? 그 이후 아름다운 공간 활용 문화를 만들어가는 단계에서 학생들의 자치력은 어떻게 발현될 수 있을까? 구름계단이라는 공간조성에 가장 큰 역할을 한 것은 5~6학년이지만 그곳은 결코 5~6학년만을 위한 공간이 아니며, 학교의 모든 학생에게 열려 있어야만 하는 공간이다. 그러나 5~6학년 층에 있었던 탓인지, 아니면 홍보가 부족했던 탓인지 공간 조성 초기에 저학년들에게는 그림의 떡인 공간일 뿐이었다. 어쩌다가 저학년이 놀러 오더라도 선배들이 장악하고 있는 그 공간에 감히 함께할 수 없는 분위기가 조성되었다. 그래도 다행이었던 것은 저학년 학생들을 위해 어떻게 배려할 수 있을지에 대한 해결책을 직접 마련하기 전에 저학년들이 공간을 조금씩 활용하기 시작했다는 것이다.

공간을 안전하고 효율적으로 활용할 수 있기 위한 방안에 대한 고민이 필요하다고 느껴지는 때도 있었다. 그 지점은 어쩌면 교사의 넛지가 필요한 때이다. 서로 배려하며 공간을 활용할 수 있는 방법, 안전하게 쉴 수 있는 방법 등에 대한 학생들 나름의 고민을 또다시 끄집어내도록 도울 수 있어야만 했다. 이를 위해 우리 반에서도 구름계단 공간문화 관련 문구들에 대해 학생들이 논의하고 그 문구들을 직접 써서 게시하기도 했지만, 과연 그러한 활동들이 학교의 모든 학생에게 의미 있게 다가갔는지는 의문이다.

학교의 문화를 만들어가는 일은 결코 학생회의 몇몇 대표 학생들에 의해 이루어지는 것이 아니다. 설사 그들에 의해 무언가가 열심히 실천되고 있다고 하더라도 과연 그것이 모든 학생의 의견을 반영한 것인지, 모두에게 실천과 참여의 기회가 열려 있는지를 끊임없이 돌아보아야 한다. 삶 속에서 자신의 의사를 표현할 수 있는 기회를 가질 수 있다는 사실은 시민들에게 크나큰 신뢰감과 만족감을 준다(Thomas Benedikter, 2018). 그와 마찬가지로 학교 내에서도 학생자치활동을 통한 의견 표명과 문화 세우기의 기회가 모든 학생에게 지속적으로 열려 있는지를 성찰해야 한다.

5) 스스로 다스리며 배워나가기

학교문화를 세워가는 학생자치활동은 각 초등학교에서 다양한 양상으로 구현된다. 학생들의 의견은 학급다모임, 학년다모임, 학생자치회 등을 통해 학교 운영에 반영되고 이 과정에서 학교의 문화는 형성된다. 인천부일초의 '달빛자치회'는 자치회 이름을 선정하는 일에서부터 등교시간 아침맞이 활동의 자율적 운영에 이르기까지 학생이 은은한 달빛처럼 학교의 변화를 만들어간 예이다. 달빛학생자치회장은 자치회를 통해 학교의 주인이 바로 학생이라는 것을 알 수 있었다고 말한다. 학생들이 학교의 문화를 세워가는 주체가 되는 것이다.

　　대전글꽃초는 학생들이 스스로 내용을 정하고 자료를 만드는 등 방송조회를 스스로 기획하여 학교 소식을 전함으로써 친구들이 함께 기다리는 소중한 시간을 제공한다. 주제별 담당자를 정한 후 프리젠테이션, 동영상, 사진, 실물 등 다양한 자료들을 활용하여 콘텐츠 및 시나리오를 작성하고 방송실 리허설을 통해 방송조회를 준비하는 과정을 거친다. 특히 급식실 조리사님들을 인터뷰하며 그 마음을 이해하려 노력한 방송을 통해 학생들은 급식을 감사한 마음으로 먹을 수 있게 되었다고 한다.

학생들 스스로가 학교의 아름다운 문화를 만들어간 사례이다.

전교생이 145명인 대구비봉초에서는 '내 작은 손안에 사랑을 나누자'라는 주제를 스스로 정하여 학생자치활동을 시작하였고, 동전 모으기, 알뜰시장, 봉사활동 등 다양한 나눔활동을 통하여 사랑을 나누는 문화를 만들어간 예이다. 학생자치회의 소통 및 학생과 교사가 함께 계획하고 실천한 나눔의 과정들을 통해 학생들이 긍정적인 마인드를 갖게 되고 그에 따른 실천이 확장됨으로써 '우리'라는 공동체 문화를 만들어갈 수 있었다.

울산태화초에서는 학교의 기존 생활규정을 점검 및 검토하는 과정을 거쳐 학생들의 요구에 맞게 새로 재개정하였다. 전교회의를 통해 생활규정안을 1차로 모으고, 교사·학부모·학생의 교육 3주체가 함께하는 회의를 거쳐 태화초 생활규정을 새롭게 탄생시켰다.

학생들이 주인이 되어 활동을 기획하고 진행해나가는 일들이 어떤 거창한 것이 아니라 할지라도, 학생이 스스로 고민을 하고 그로부터 시작된 실천을 통하여 학교의 문화가 세워지는 변화가 있다면 모두가 학생자치의 본질에 가까워지는 자치의 구현이라고 말할 수 있을 것이다. 중요한 것은 그 과정에서 비록 부족함이 엿보여도 그러한 결핍과 실패의 과정까지도 학생자치가 온전히 구현되기 위한 필수적인 요소임을 믿고 기다려주는 것이다. '자치'라는 것은 '스스로 다스림'의 의미이기에 부족함의 시간까지 다스림으로써 그 안에서 자조적으로 배워나가는 것까지 포함하기 때문이다.

학생, 참여와 실천의 삶을 살다

교육과정에서 자기결정권을 찾고 학교의 문화를 세워가는 자치활동을 통해 체화된 민주적 태도는 결국 학생의 삶 속에서 발현되어야만 한다. 삶에서 자신이 가치 있다고 생각하는 것들을 실천하고 공동체와 함께 그 가치를 함께 공유해 나갈 수 있는 시민으로 성장할 수 있도록 이끄는 것이 바로 교사의 역할일 것이다. 그렇다면 그러한 참여와 실천의 삶을 학생 스스로 처음부터 살아나갈 수 있는 것일까? 결코 그렇지 않다. 이 또한 교사의 안내와 도움이 필요하며 그 과정을 딛고 나서야 학생들은 장차 스스로 나아갈 수 있게 된다.

1) 갈등하고 번민하며 참여를 연습하기

우리 학년에서는 학기 초에 시민동아리를 결성하여 학생들이 민주시민으로 설 기회를 제공하고자 노력하였다. 장차 사회적·정치적 사안들에 관심을 가지고 실천해 나갈 수 있는 시민으로 이끌어 보고자 하는 의도였다. 하지만 동아리활동을 운영하다 보니 '참여'와 '실천'이라는 키워드를 온전히 적용하고 교육과정 속에서 실현해나가는 것은 결코 쉽지 않았다. 교사의 안내는 조력임과 동시에 지나친 개입이 되어버릴 때가 많았고, 이는 '참여와 실천'에 잠재적으로 내포된 자발성과는 괴리감이 느껴지게 만들었다. 또한 시민으로 나아갈 수 있는 길을 걸어갈 때 그 안에서 학생들의 성장이 드러나야 할 텐데, 겉으로 보여지는 학생들의 모습은 성장이 아닌 단지 그 과정이 지니는 유쾌함과 흥미로움 자체에만 관심을 가지는 모습이었다. 그 지점에서 교육과정, 수업과 연계한 철저한 사유 및 학생들과의 토론은 필수불가결한 것이었다. 그러나 학생들 안에 내재되어 있는 생각들에 변화의 여지를 주고, 변화된 생각들을 바탕으로 한 실천의 삶으로 나아가도록 이끄는 것은 결코 단시간에 이루어질 수 있는 일이 아니었다.

교사의 제안에 의해 학교 교육활동과 연계한 노인정 봉사활동을 실시하고, 동아리활동 속에서 다양한 형태의 소소한 프로젝트를 실천했음에도 불구하고 학생들의 내면에서 자발적 '참여와 실천'이 흘러나오는 데는 보이지 않는 장벽들이 있었다. 그러나 아이러니하게도 그 장벽들은 장벽 앞에서 조금씩 무너지기도 했다. 학생들의 생각과 행동이 자발성을 띠지 못할 때 그 모습 그대로를 기다려주고, 각자가 지닌 비자발적 태도들이 충돌할 때 그 상황들이 가진 의미를 함께 돌아보고 성찰하면서 비로소 학생들은 자신 안에 있는 참여와 실천의 의지를 끄집어낼 수 있었다.

겨우 학기 말이 되어서야 자신들의 흥미와 재미 위주로 실천해 온 다양한 동아리 활동을 넘어 스스로 계속 고민하고 수정해나가는 학생주도프로젝트 안에서 한 줄기 의미들을 찾아가는 아이들을 볼 수 있었다. '북극곰 살리기'라는 프로젝트팀의 경우 환경을 위해 자신들이 실천할 수 있는 일들을 적극적으로 실천하고 지구의 온실가스를 줄이는 플러그 뽑기, 절수하기, 쓰레기 분리배출 철저히 하기, 가까운 거리는 걸어 다니기 등을 매일 실천하며 체크리스트에 기록함으로써 참여와 실천을 생활화하였다. 그 모습들에서 교육이란 얼마나 '기다림'을 필요로 하는지를 다시금 느꼈다. 물론 아직도 기다림을 필요로 하는 학생들은 있지만 말이다. 학급 친구들의 실행과정을 보며 자신들의 프로젝트에 담긴 의미를 돌아보고 또다시 수정하는 모습 속에서 성장이란 끊임없는 '돌아봄'의 과정에서 피어난다는 것 또한 부인할 수 없었다.

유난히 기억에 남은 팀은 자신들이 운동을 너무 좋아해서 매일 아침 학교에 일찍 등교하여 운동을 하고 들어온다는 계획을 세운 팀이었다. 처음에는 민주시민으로서의 참여와 실천에 방점을 두는 것이 아닌 자신들만의 즐거움을 위해 프로젝트를 시작했다. '운동을 통해 다른 이들에게 도움이 되어 주거나 하는 방법은 없을까'하고 묻는 교사의 제안에도 마냥 자기들끼리 모여 운동하는 그 자체가 재미있다며 웃던 모습이 떠오른다. 남학생 6명이 모인 팀이었는데 서로 간에 의견 다툼이 일어나면서 팀의 미션과 목표를 지속적으로 수정하는 번민의 시간을 계속 거쳤다. 서로 갈등하고 고민하는 시간들이 계속 이어지다 보니 팀이 해체될 뻔한 위기도 있었다. 프로젝트팀 중에 가장 화합이 힘든 상황이었고 무엇을 실천해 나가야 할지 길을 많이도 헤맸다. 하지만 갈등이 많았던 만큼 서로의 의견을 듣기 위한 노력이 이어지고 때로는 교사에게 도움을 구하기도 해 프로젝트 발표회 때는 가장 폭발적인 호응을 얻었다. 결과적으로는 팀이 용돈을 모아 마련한 돈으로 북한 친구들을 생각하며 남과 북이 함께 뜨는 목도리 뜨기 캠페인 '목도리, 남북을 잇다'에 후원을 하게 되었다. 그리고 우리 반의 행복한 파티를 위한 간식을 제공함으로써 친구들에게 무한 감동을 안겨주었다. 아이들의 성장이 느껴지는 순간이었다.

참여와 실천의 삶은 결코 거창한 것에서 시작하지 않는다. 학생이 교육과정에서의 자기결정권을 가지는 범위와 단계가 시간의 흐름과 역량의 확장에 따라 넓고 깊어지듯이 참여와 실천 또한 아주 소소한 것에서부터 시작한다. 그 작은 시작은 바로 교실 안 내 옆의 친구에게 준비물을 빌려주는 아주 일상적인 것일 수도 있다. 빌려주는 행동 안에 스스로 나눔을 행하는 기쁨과 즐거움이 동반된다면 더할 나위 없을 것이다. 교사는 바로 그러한 작은 순간에서부터 학생들의 마음과 동행하며 점점 더 확장된 참여와 실천의 범위로 나아가야 할 것이다.

학생들은 어른과 관련된 일들에 참여하고 그들과 협의하는 방법들에 대해 훈련받고 지지받는 과정을 경험해야만 한다. 참여하는 시민으로 성장할 수 있기 위해서는 끊임없이 참여를 연습해야 하는 것이다. 아이들은 규칙적인 참여를 통해서 자신의 역량을 들여다보고 공동의 책임감을 가지며, 자신의 물리적이고 사회적인 환경을 계획하고 관리해 나가는 데 필요한 기술을 비로소 갖추게 된다(Hugh Matthews, 2003).

[서투른 시작]
운동을 좋아하는 친구들이 모여 '매일 아침 운동하기'로 시작한 프로젝트

[갈등의 연속]
갈등의 시간을 거쳐 '용돈 모으기'로 수정 후
'자발성'과 관련된 또 다른 갈등 발생

[갈등의 극복과 사고의 전환]
팀원 각자가 지닌 '자발성'을 존중하며 의미 있는 활동에 참여하기로
결정 후 북한친구들에게 목도리 후원

↓
[행복한 결말]
작은 나눔이 주는 행복을 발견하고 학급 친구들과 행복 파티를 열며
프로젝트 발표 및 성찰

2) 사회적 현안에 대한 관심과 실천 이끌기

학생들이 실천할 수 있는 참여의 범위는 결코 어느 한 영역에 한정지을
수 없다. 그리고 그 범위가 점점 더 확장될 수 있도록 이끌기 위해서는
우선 사회에 대해 관심을 가질 수 있도록 도와야 한다. 이를 위해 교사
가 학생들과 사회적 현안에 대한 대화를 나누는 것은 매우 큰 의미가 있
다. 우리 반에서도 학생들이 관심을 가졌으면 하는 뉴스로 하루를 시작
하거나 수업 속에서 학생들과 대화를 많이 나누었다. 학생들과 함께 인
권, 성평등, 다문화, 평화, 미디어 문화, 사회적 약자 등 우리가 함께 고
민해보아야 할 주제들을 나누어보는 것에서부터 참여의 마음은 시작되
기 때문이다.

경남 진주의 무지개초등학교에서는 학생들이 '꼬마NGO'를 조직
하여 학교, 지역, 나라, 나아가 인류를 위한 문제들을 해결해 나가기 위
한 프로젝트를 진행하였다. 그중 한 예로 인권을 침해받는 어린이들을
위해 관심과 경제적 도움이 필요하다는 회의 결과를 토대로 성금 모금
을 위한 알뜰시장을 개최하였다. 그리고 이 수익금을 유니세프(unicef)
에 기부함으로써 사회적 문제에 대한 관심을 실천으로 이어나갔다.

서울휘봉초에서는 수석교사와 각 반 학생들이 구민들에게 필요한

것들을 조사 및 토론함으로써 사회참여와 실천의 발걸음을 내디뎠다. 이를 위한 문제해결의 과정으로 각 반에서 선택한 의제에 대한 해결안을 구청의 민원게시판에 올리기도 했다. 그중, '1석 2조 발전 자전거' 설치에 대해서는 구청의 친절한 답변을 받음으로써 지역사회가 필요로 하는 것에 대해 학생들이 함께 고민하고 직접 참여하는 경험을 얻을 수 있었다.

3) 정치적 참여: 프랑스의 어린이의회

학급회의와 같은 학생자치활동을 반복적으로 경험함으로써 학생의 정치적 태도는 향상된다(김영현, 2020). 그리고 사회 및 정치적 현안들에 관심을 가지고 참여할 수 있는 역량을 기르는 것은 곧 민주시민으로서의 자질을 갖추는 것이다. 장차 사회로 나아가서 정치적 활동을 실현할 수 있는 능력을 가짐으로써 자신과 주변의 삶을 좀 더 가치 있고 아름답게 변화시켜 나갈 힘을 기를 수 있는 것이다. 여기에서 정치교육 및 선거교육과 관련된 사례를 살펴보지 않을 수 없다. 우리나라의 경우 헌법 제31조 4항에 제시된 교육의 정치적 중립성 및 공직선거법 제85조 공무원 등의 선거 관여 등 금지 조항과 관련하여 현재 모의투표를 비롯한 선거관련 교육의 제약을 받고 있다. 하지만 해외의 경우 다양한 방식의 정치교육을 통해 학생들이 사회적 현안들에 목소리를 내고 참여할 수 있는 기회를 제공하고 있다. 대표적인 예로 프랑스에서 어린이의회를 통해 청소년의 정치 참여를 활성화함으로써 민주시민을 양성하고 있는 제도적인 노력을 살펴보기로 하겠다.

프랑스에서는 매년 어린이의회 개최 공고가 교육부 장관의 이름으로 각 시·도교육청에 전달되고 있으며 초등학교 최종 학년인 CM2[2] 학생들이 참가하고 있다. 1994년 이후로 5, 6월 중 토요일에 전국의 어린이 의원들이 부르봉 궁(palasis bourbon) 하원 의사당에 모여 회의를 개최한다. 어린이의회 본회의 일정은 의회의 책임하에 이루어지며 가족과 지도교사의 숙박 및 파리로의 교통비도 의회가 지급한다.

어린이의회는 프랑스의 해외영토를 포함하여 지역구별로 의원을 선출하여 법률안을 작성 및 제출하게 되고, 전문가들이 심사과정을 거쳐 그중 10개의 법안을 선정한다. 법률안의 심사기준은 다음과 같다(이종오, 2004).

1. 어린이들의 생각과 표현이 들어간 것으로 참가 학생들에 의해 만들어진 법안인가?
2. 사회에서 일어나는 문제에 대하여 미래시민으로서의 제안이 담긴 내용인가?
3. 현재 일어나고 있는 문제, 그리고 이에 대한 구체적인 행동을 담고 있는가?
4. 제안 설명은 본회의에서 읽힐 수 있도록 작성되었는가?

어린이의회는 상임위원회와 본회의로 나뉘어 동료 어린이의원이 제출한 법률안 10개를 심의 및 토론하며 그중 우수법안 3개를 본회의

---

2   프랑스 초등교육은 총 5개 학년으로 이루어졌으며 Cours moyen 2e année는 그중 마지막 학년이다.

에 상정한다. 본회의에서는 상임위원회에서 상정한 법률안 중 최우수 법안을 선정한다. 최우수 법률안은 당선 학교가 속한 지역구 의원 주도로 법제화 과정을 거쳐 법률로 제정될 기회가 주어진다. 다음은 프랑스 공화국의 법이 된 어린이의회 법률안들의 예이다.

- "고아의 권리와 가족위원회에 관련한 법률 98~381호"
  (1998년 5월 14일 제정, 같은 해 5월 19일 공포)
- "어린이권리를 존중하지 않는 나라에서 어린이노동에 의해 만들어진 학용품의 지자체 및 학교로부터의 구매 금지 관련법률 99-478호"
  (1999년 6월 9일 제정, 10일 공포)
- "학대받는 어린이 보호 증진을 위한 법률 2000-197호"
  (1999년 12월 7일 하원 통과, 2000년 2월 23일 상원 통과, 2000년 3월 6일 제정, 동년 3월 7일 공포)

민주시민교육의 꽃이라고도 할 수 있는 사회참여활동을 포함하여 지금까지 제시한 학생자치를 위한 발걸음들, 즉 교육과정에서의 자기결정권을 찾고 학급 및 학교의 문화를 세워가는 일들은 반드시 민주적 시공간 안에서만 그 본질이 구현될 수 있다. 민주적 환경, 민주적 사고, 민주적 삶이 없는 학생자치는 작동은 될지언정 본연의 목표를 향해 나아가기는 어려울 것이다. 학생자치는 '민주적 시공간'이라는 아늑하고 평화로운 화분 속에서 조금씩 자라나 학생들의 참여와 실천으로 아름답게 피어나는 예쁜 꽃이다.

참고문헌

- 김영현(2020). 학생자치활동의 초등 정치교육적 함의: 초등학생의 정치적 태도변화를 중심으로. 학습자중심교과교육연구, 20(2), pp. 285~304.

- 김은경(2013). 『민주시민을 키우는 어린이 정치』. 서울: 리젬.

- 설진성(2019). 민주시민교육과 교사의 태도. 서울교육 vol. 235.

- 이종오(2004). 프랑스 청소년의 참여문화: 어린이 의회와 청소년 자문회의를 중심으로. 한국프랑스학논집, 48, pp. 433~448.

- 한국교육개발원(2019). 2018 학생시민의 성장이야기: 전국 학생자치활동 사례(초등).

- Thomas Benedikter(2018). Piu potere ai cittadini? Il fascino indiscreto della democrazia diretta; 성연숙 옮김(2019). 『더 많은 권력을 시민에게: 시민주권 시대, 직접민주주의를 말하다』. 서울: 다른 백년.

- European commission/EACEA/Eurydice(2017). Citizenship Education at schools in Europe-2017. Eurydice Report. Luxembourg: Publication Office of the European Union. Retrieved from https://op.europa.eu

- Treffinger, D. J. (1975). Teaching for self directed learning: A priority for the gifted and talented. Gifted Child Quarterly, 19(1), pp. 46~59.

- Matthews, H. (2003). Children and Regeneration: Setting an Agenda for Community Participation and Integration. Children and Society, 17(4), pp. 264~276.

2. 학생회의 '더하기, 빼기, 곱하기, 나누기(+, -, ×, ÷)' 프로젝트

경기도 부천시에 위치한 A 학교는 1994년에 개교하여 이제 25년 차가 된 청춘 특성화고등학교로, 대략 천 명의 교육공동체가 함께 취업 역량 강화 및 진로 선택의 기회 확대를 위해 다양한 경험을 창조하며 생활하고 있다. 9년 전 이곳으로 처음 전입하자마자 학생회와 깊은 연을 맺은 것은 아니었지만 오가는 발길 속에 무언가 뚝딱뚝딱 시끄러웠던 4층 학생회실의 분주함은 생생히 기억난다. 누구의 강요도 설득도 권고가 아닌 자신들이 생각하는 문제를 해결하고, 목표를 달성하기 위해 분주했던 아이들의 자생적인 움직임이 궁금했었는지도 모른다. 그래서 난 4년 후 그 문을 두드렸다.

　상업계 고등학교라는 이름을 버리고 새로이 '특성화고등학교'라는 네이밍을 받아들였지만 우리 학교에는 부모님의 관심이 다소 부족한 아이들, 결손 가정의 아이들, 학업에 관심이 급격히 떨어지는 아이들이 참 많았다. 그래서 더욱이 이들에게 부족한 경험과 사랑, 그리고 관심을 채워주기 위한 교사들의 노력도 뜨거웠지만, 이러한 문제를 학생 스스로 찾아 해결하고자 하는 움직임이 학생회로부터 시작되었다고 해도 과언이 아니다. 학생자치회 담당 교사로 임명받고 '너희들이 무엇을 알아서 하겠어. 결국 내가 계획하고 이끄는 대로 따라만 오면 다행이지.' 하는 걱정과 짐작으로 학생회를 시작했는데, 5년이 지난 지금, 나를 비롯한 이 학교의 모든 교사는 끊임없이 아이들을 통해 새로운 것을 배우고 아이들을 통해 순간순간의 의미를 깨닫고 있다. 학생이든, 교사든, 학부모든 모두에게 변화는 무서운 도전이다. 그런데 곰곰이 생각해보니 기성세대와 기성 문화에 찌든 우리 교사와 학부모에게 변화는 무서운 도전 그 이상이었는지도 모른다. 그래서 그 새로움을 거부하고 변화를 두려워하며 뒷걸음쳤는지도 모른다. 그런데 '학생자치'라는 이름으로 새롭게 주인이 된 우리 아이들은 새로움도 변화도 두려워하지 않고 익숙해하며 스스로 주체가 되어가는 과정을 당당하게 맞이하고 지켜냈다. 그렇기에 우리 학교의 모든 교육공동체가 '처음', '시작', '변화'에 익숙해졌고, '행복한 학교', '행복한 학교자치', '행복한 학교민주주의'를 학생들로부터 만들어 내는 기회가 되었던 것이다.

'자치'는 자신이 속한 공동체의 구성원으로서 스스로 의사결정을 내리고 그 결정에 스스로 지배됨을 인정하는 것으로 그 범주가 단지 학교이기에 상대적으로 좁게 느껴질 수 있다. 하지만 이 안에서 우리 아이들은 자유롭고 민주적인 자치문화를 체험하고 형성하는 과정을 통해 민주시민 역량이 신장되고 주체적인 학교 구성원으로 인정받고 존중받게 될 것이다. 지금부터 A 학교의 학생자치활동의 실제 사례를 중심으로 그들이 만들고 싶어 했던 학교자치 문화의 사칙연산에 빗대어 무엇이 진정한 참여와 소통인지를 소개하고자 한다.

학교주인이 되기 위한 자치문화 더하기(+) 프로젝트

1) 너, 나, 그리고 너와 내가 아닌 친구를 인정하는 날, 친구사랑의 날

경기도교육청은 단위학교에서 '친구사랑 주간'과 더불어 4월 2일(친구사이), 7월 9일(친한친구), 9월 4일(친구사랑), 11월 11일(친구와 함께) 등 '친구사랑의 날'을 지정하여 다채로운 교육활동으로 친구의 의미를 뒤돌아보고 학생과 학생이, 학생과 교사가 서로 공감하고 배려하면서 소통하는 학교문화를 만들기를 시도했다.

이솝우화에 등장하는 토끼와 거북이는 수많은 사람에게 토끼는 '게으른 인간'으로, 거북이는 '성실한 인간'으로 낙인되어 왔다. 하지만 일각의 수업시간에는 또 다른 창의적인 사고로 접근해 보며 토끼를 보고도 그냥 기어간 거북이의 행동에 대하여 공정하지 못한 경기 운영 방식이라며 토론의 주제로 삼아보기도 한다. 그럼에도 불구하고 또 다른 관점에서 우린 빨리 뛸 수 있는 토끼와 느리지만 노력하는 거북이가 서로를 경쟁의 대상으로만 생각하지 않고, 차이를 인정하고 화합한다면 친한 친구가 될 수 있다는 가설에서 '친구사랑의 날'을 우리식으로 만들어 보았다.

고등학생 수준에서 전교생이 잘 알 것 같은, 알면 좋을 것 같은 '친구'와 관련된 의미있는 격언과 속담 10가지를 조사했다. '친구는 옛 친구가 좋고, 옷은 새 옷이 좋다.', '친구따라 강남간다.' 등의 속담이나 격언의 완성된 문구를 반으로 잘라 토끼 카드와 거북이 카드에 반씩 나눠 카드를 완성했다. 토끼의 얼굴 옆에는 '친구는 옛 친구가'를 써놓고, 거북이의 얼굴 옆에는 '옷은 새 옷이 좋다.'를 써 놓는 방식이다. 아침 일찍 학생들의 등교 전, 전교생만큼은 아니지만 대략 반 이상이 참여할 수 있을 만큼 준비해 각 반 교실 앞뒷문에 10개 이상의 섞인 토끼 카드와 거북이 카드를 뗄 수 있게 붙였다. 등교가 시작되고 교문 앞에 학생회가 마주 보며 전교생을 맞이했다. 매년 친구사랑의 날 등굣길을 장식하는 '하이파이브' 인사와 함께 룰에 대하여 외쳤다. '친구'와 관련된 속담이 반씩 적힌 토끼 카드와 거북이 카드는 누구나 한 장씩 가질 수 있으며, 토끼 카드를 지닌 사람은 속담이 완성될 수 있는 거북이 카드를 지닌 친구를, 거북이 카드를 지닌 사람 역시 격언이 완성될 수 있는 토끼 카드를 지닌 친구를 찾아 점심시간에 구령대로 달려오면 친구의 의미를 담은 소정의 선물을 두 친구에게 전달해 주었다.

점심시간의 구령대는 전교생이 짝을 지어 북적이는 축제의 장이었다. 속담의 구절을 맞춘다는 의미보다 평소에 친하지 않았던 친구와도 거침없이 달려나올 수 있는 계기가 되었고, 뭇 학생들은 나와보니 때로는 휴대전화와 잠에 가려 옆에 있는 친구와 이야기 한번 안 하고 집에 돌아갔던 시간을 돌이키게 되었는지도 모른다. 이처럼 학생회는 잠자고 있는 A 학교 학생들의 엉덩이를 움직이게 하고 싶었다. 학교에는 선생님들이 운영하는 교육적인 행사만 존재하는 것이 아니라, 그 외에도 우리들의 목소리만으로도 하루를 채워갈 수 있는 우리가 만들어가는 날도 있다는 것을 학생들과 선생님들에게 보여 주고 싶었는지도 모른다. 그 첫 도전이 바로 '친구사랑의 날'이었고, 이를 출발로 새로운 아이디어로 우리 학교의 행복을 만들어가는 재미를 즐기게 되었다. 매년 지침처럼 배포되는 '친구사랑의 날'의 하이파이브, 프리허그 운영 방식을 넘어 우리들만의 새로운 시각으로 재해석된 '친구사랑의 날'은 전교생과 전 교직원에게 학생회의 존재 이유를 느끼게 해준 첫 도전이었다.

> 저희 학생회에게 친구사랑의 날은 학교의 월간지 같은 행사였습니다. 그럼에도 불구하고 이날이 가장 기억에 남는 이유는 학생회에서 주체적으로 시작한 첫 번째 캠페인으로, 학생들에게 형식적인 행사가 아닌 모두가 즐기고 의미 있는 시간으로 참여할 수 있는 행사로 만들기 위해 17명의 학생이 늦은 밤까지 깊은 고민과 나눔의 과정을 통해 어렵게 탄생시켰기 때문인 것 같습니다.
>
> 토끼와 거북이 '친구사랑의 날' 캠페인은 보물찾기에서 영감을 얻어 전교생을 움직이게 만들자는 과감한 도전에서 시작되었습니다. 친구 또는 우정과 관련된 격언 혹은 속담을 토끼 이미지와 거북이 이미지에 나누어 준비한 뒤, 학생들이 짝을 맞추어 올바른 문구를 완성해 찾아오면 상품을 주는 형식이었습니다. 본 행사를 마친 후에도 여기저기 캠페인에 대한 여운과 감동으로 시끌벅적한 학생들의 이야기 소리가 따뜻한 추억으로 자리 잡고 있습니다.
>
> — A 고등학교 21대 학생회장

지난 4일 오후 1시 무렵, 경기도에 위치한 A 고등학교에서는 보기 어려운 장면이 연출됐다. 점심시간이 시작되자 학생들이 손에 손을 잡

Chapter 2. 학생자치의 실제

고 하나둘 운동장 연단 뒤쪽으로 우르르 몰려들었다. 학생들은 이런 상황이 익숙한 듯 '친구 따라', '진정한 친구다' 등의 글귀가 쓰인 종이를 서로 맞춰가며 바쁘게 움직였다. (…)

현재 국내의 고등학교는 다음 주 9일부터 시작되는 대입 수시 원서접수를 앞두고 초긴장 상태에 돌입했다. 고교 교육현장은 대학 진학 문제로 몸살을 앓는데 더해 성추행 등의 각종 사건 사고가 연일 끊이질 않는다. 교육현장을 우려의 시선으로 바라보는 건 일반적인 현실이 되어 버렸다. 그러나 이날 '친구사랑의 날' 행사와 금연표어 전시회를 통해 직접 만나본 ○○고 학생들의 모습은 행복한 웃음을 짓게 했다.

– 〈오마이뉴스〉, 2015년 9월 15일 자 발췌

이 사례에서 학생회는 스마트폰과 무기력에 묻혀 있는 요즘 학생들의 학교생활 문화를 문제점으로 인식하여 이를 타개하기 위한 방안으로 전교생을 대상으로 무모하기도 하지만 겁 없는 도전을 했다. 진정한 학교자치를 촉진하는 학생자치 문화의 형성은 그들로부터 출발하는 문제의식 속에서 해결하고자 하는 의지가 선행되어야 한다는 것을 역설하고 있다.

2) 주인으로서 당당해도 괜찮아, 10월은 '학교공동체 인권의 달'

2010년 10월 5일 공포된 '경기도 학생인권 조례'[1]를 시작으로 단위학교에는 크고 작은 변화들이 눈에 띄게 나타났다. 특히 경기도교육청에서는 학교공동체를 구성하는 교육 3주체 서로의 권리를 존중하고 협력하여 민주적인 삶을 배우는 인권 문화를 정착하기 위해 매년 10월을 '학교공동체 인권의 달'로 지정하였고, 이에 해당하는 내용을 주제로 학생들의 자주적이고 당당한 캠페인들이 출몰하기 시작했다. 학교의 구성원으로서 주인으로서 인정받기 시작한 그날을 기억하며 우리들의 인권 신장을 통해 활발한 소통과 책임을 바탕으로 이미 민주시민으로 거듭나고 있었는지도 모른다.

우리는 학생, 학부모, 교사 서로를 존중하는 에티켓을 인지시키기 위한 미소(MISO) 캠페인을 진행하였다. 미소는 M(Manners 예의), I(Introduce 인사, 소개), S(Smile 미소), O(Open Mind 열린 마음)의 약자로 서로를 마주할 때에는 항상 예의를 갖추며, 하루에 열 번을 만나도 인사를 나눌 수 있는 정이 넘치는 학교문화를 만들고, 열린 마음과 미소가 가득한 얼굴로 서로를 대하며 사제지간을 비롯한 교육 주체들 간의 관계를 개선시키고 나아가 서로의 인권을 존중하자는 목표를 갖고 준비하였다. 따라서 이 캠페인은 학부모, 교사, 학생 모두가 움직여야만 하는 어려운 과제를 안고 있었다. 학부모님들의 참여가 다소 어렵다는 가정하에 적어도 교사들의 적극적인 협조가 필수 불가결한 조건이 되어버려, 교사에게 네 가지 의미를 하나로 모을 수 있는 메인 종이를 사전에 나눠드렸다. 지금 뒤돌아보면, 학부모님들이 학교에 많이 방문하시는 공개수업의 날이나, 회의날을 중심으로 이 캠페인을 추진하면 훨씬 더 좋을

---

1   경기도 학생인권 조례(시행 2019. 8. 6.), [경기도조례 제6318호, 2019. 8. 6., 일부개정] : 이 조례는 「대한민국헌법」 제31조, 「유엔 아동의 권리에 관한 협약」, 「교육기본법」 제12조 및 제13조, 「초·중등교육법」 제18조의 4에 근거하여 학생의 인권이 학교교육과정에서 실현될 수 있도록 함으로써 인간으로서의 존엄과 가치 및 자유와 권리를 보장하는 것을 목적으로 한다.

것 같다.

학생들은 등교 시 M, I, S, O가 적힌 네 가지 글자를 받는다. 네 명의 친구가 모여 선생님들이 갖고 계시는 'MISO 메인 종이'에 네 가지 뜻을 붙여 'MISO'를 완성한 후 점심시간에 선생님을 모시고 네 명의 친구와 함께 구령대로 와서 「MISO」의 의미를 나누는 형식으로 진행했다.

별것 아닌 단순 행사인 것 같지만 그간 선생님이 학생들과의 친밀도, 라포 형성의 정도를 가늠할 수 있는 지표가 되었던 행사였다. 사실 학생들은 '학생 인권'이라는 단어보다 교사든 학부모든 누구에게나 하나의 주체로 인정, 존중받고 싶어 한다. 그리고 그 존중을 '관심'이라고 표현한다. 하지만 교사에게 그 '관심'은 '업무'로 받아들여지는 경우가 많다. 이 간격을 좁히기 위한 노력이 바로 이 행사였다고 말하고 싶다. 학생들이 찾아온 교사, 학생들이 찾아오지 않은 교사에게도 각각 느낀 바가 충분히 있었다. 학생들에 대한 교사의 관심과 격려가 '업무'가 아닌 '자발적인 노력'이 되기 위한 문화적 정착, 교사들에 대한 학생들의 관심과 존중이 제자로서 우선시되어야 한다는 '신뢰'가 서로에게 필요하다는 것을 인정할 수 있는 시간이었다. 많은 학부모가 함께할 수는 없었지만 학교를 구성하고, 학교를 이끌어 가는 구성원으로 각각의 존재를 기억하고, 인정하고 존중받는 시간이었으며, 그 공동체의 구성원 중 가장 많은 부분을 차지하는 학생들의 목소리에 귀 기울여야 하는 다른 주체들의 노력이 요구됨을 알려주는 메시지로 이 행사를 마무리했다.

학생인권의 날의 키워드는 '당당함'이었습니다. 매일 등굣길에 학생들은 바른생활부 및 지도 선생님 아래 땅만 보며 학교로 들어가곤 했

습니다. 선생님들과 당당히 마주할 수 있는 분위기, 하루 중 가장 많은 시간을 보내는 학교 안에서 조금 더 즐겁고 주체로 인정받을 수 있는 될 수 있는 분위기로 전환시켜 보자는 목표로 이 캠페인을 계획했습니다. 매번 학생들만의 캠페인, 행사로 그쳤는데 이번 행사는 선생님들의 의식과 인식의 변화도 반드시 필요했기에 가장 중요한 메인 종이를 선생님들에게 나눠드렸습니다. 사실 미소에 담긴 의미를 교사와 학생이 나누는 것도 중요했지만, 네 명의 친구들이 모여 함께 달려 나오기에 어렵지 않은 친한 선생님을 먼저 선점하기 위해 뛰어다니는 모습이 참으로 인상적이었습니다. 우리 선생님이 멀리 계시지 않다고 느낄 수 있었던, 학생들의 만족도가 가장 높았던 행사였습니다.

- A 고등학교 22대 학생회장

「경기도 학생인권의 날」 5주년 기념, 교육감님 서한문을 읽고 나니 '학생인권'이란 단어를 더는 모른 척 지나칠 수 없겠다는 생각이 들었습니다. 일각에서는 학생 인권은 곧 교권 추락이라는 걱정들로 아우성이었지만, 가만히 학교라는 공간을 파헤쳐 보면 학교를 구성하는 가장 많은 구성원으로서 그 권리를 충분히 인정받아야 하는 존재가 학생이 맞겠다는 생각도 들며 우리는 공존공생해야 하는 존재임이 분명하다고 결론을 내렸습니다.

그러던 중 학교에 재미있는 행사가 있었습니다. 가르치는 존재로만 자신을 평가하던 우리들에게 선생님들도 새로운 인식의 전환이 필요하다며 자리 위에 놓인 종이 한 장이 동참을 호소했습니다. 그날 오후, 참 다행이었습니다. 4명의 반 아이들이 점심도 거른 채 달려와 제 자

리 위의 종이에 네 가지 종류의 글자를 붙이곤 제 손을 잡고 구령대로 나갔습니다. 적어도 이 순간에 학생이 찾아오지 않은 교사는 되지 않았으니, 그 이유만으로도 그들을 존중하고 사랑해야 하는 충분한 이유가 생긴 것 같았습니다.

- A 고등학교 교사

서로 다른 교육공동체의 인터뷰는 아슬아슬한 평행선과 같은 느낌이 있었다. 그 평행선의 끝은 모든 교육공동체의 '행복한 학교생활'임을 짐작할 수 있다. 서로를 존중하는 것에 대한 필수 불가결한 조건을 머리로는 인정하지만 이를 받아들이고 실천하기에는 사실 평행선상에서 밀고 당기기를 하는 연인과 다를 바가 없는 교사와 학생, 교사와 학부모, 학부모와 학생이다. 밀고 당기는 평행선 사이에 어느 하나가 먼저 방향을 기울이면 금방 만날 수 있는 원리를 우리는 알기에 서로를 높여 중요하게 대하는 '존중'의 학교문화를 기대해보고 싶다.

학교 주인이 되기 위한 제거 문화 빼기(-) 프로젝트

1) 보이지 않는 칼을 제거하기 위한 도전, 사이버보안관

학생들에게 사이버 공간은 실제 학교생활의 연장 선상이다. 학부모와 교사가 모르는 또 다른 학교 담장 밖 넘어 학교로 시간과 공간에 제약을 받지 않는 24시간 불이 꺼지지 않는 학교인 것이다. 요즘 학교에서는 개별 홈페이지, 블로그, 인스타그램, 페이스북 등 다양한 SNS 형태로 학생들과의 접점을 찾아가고 있다. 학생들뿐만 아니라 교사, 학부모, 신입생, 지역사회의 구성원 누구나 학교에 대한 원하는 정보를 가장 빠르게 접근해 손쉽게 얻을 수 있기 때문이다. 하지만 이러한 SNS는 수많은 장점을 뒤로한 채 최근 매서운 칼날을 거침없이 드러내고 있다. 우리 학교 역시 최근 3년간 학교폭력전담기구 회의 개최 건 중 사이버폭력이 주를 이루었으며, 이에 대한 학교 차원의 교육이 수차례 있었음에도 불구하고 학생들의 수용적 태도가 미약한 것으로 보여 학생이 중심이 되는, 학생들의 니즈에 맞는 새로운 인식 교육 및 캠페인과 행사가 요구되는 시점이었다.

교사와 학부모는 SNS 사용률이 학생들에 비해 현저히 낮기 때문에 사이버폭력이 발생한다 하더라도 이를 눈치챌 수 있는 확률이 낮기에 학생 스스로 자생적인 노력이 아니면 이를 막을 수 있는 방법이 없었다. 게다가 학교 공식 홈페이지를 제외한 대부분의 SNS는 학생회 자체에서 운영하는 것이기 때문에 학교폭력의 인지를 학생들이 가장 먼저 할 수 있었다. 그렇다면 SNS상에서 사이버폭력을 빠르게 차단할 수 있는 방법이 무엇일까? 우리들의 결론은 '댓글'이었다. 누군가를 자살로 이끌어 낼 수 있을 만큼 독한 힘을 지닌 악성 댓글은 최근 연예인뿐만 아니라 학생, SNS를 이용하는 모든 사람에게 칼이 되고 있기 때문이다. 따라서 우리 학교 SNS에서부터 올바른 댓글 문화의 필요성과 이에 대한 적극적인 실천을 위해 사이버안전보안관을 임명했다.

SNS상 학생들의 수위 조절에 실패한 불쾌한 댓글들로 인해 자칫 학교폭력으로 발전하는 사례를 사전에 예방하고자 학생회를 중심으로 자원을 받아 사이버안전보안관을 임명하였다. 그들의 어깨에 경찰관과 동일한 무게감을 주기 위해 발대식을 시작으로 인터넷상에서 통일된 문구로 거친 욕설이 오가는 댓글에 대댓글[2]을 달기 시작했다.

> '저는 A고 사이버안전보안관 ○○입니다. 위 댓글은 다른 학생에게 상처나 오해가 될 수 있는 용어이오니 사용을 삼가 주시기를 부탁드립니다. 인터넷상의 바른 댓글은 즐겁고 평화로운 학교를 만듭니다.'

이로 인해 사이버폭력에 대한 특성과 사전 인지 체계를 구축함으로써 사이버폭력의 사각지대를 최소화시켰고, 효율적으로 사이버폭력을 예방할 수 있었다. 이번 캠페인이 학교의 모든 구성원으로부터 높이 평가받을 수 있었던 것은 특별한 행사 주간이나 학교의 권고 없이도 학교에서 발생하는 문제에 대한 학생들의 자각적인 문제의식에서 출발하여 자각적인 해결방안을 모색하여 이를 즉각적으로 실천하였다는 것이다. 물론 학생회 내외부에서도 무수한 시행착오와 의견 충돌도 있었다. 하지만 그러한 잡음에 주춤하지 않고 본 캠페인을 추진하고 '학교폭력'이라는 초대형 문제 덩어리에 직면할 수 있었던 것은 그들이 바로 학교폭력의 피해자이자 가해자이며, 학교의 주인이라는 주체적인 의식이 있었기 때문이다.

> '사이버보안관', 어디서 많이 들어본 단어 같았지만 왠지 친숙하진 않았습니다. 늘 사이버폭력이 10대들 사이에서 많이 문제가 되곤 하는

---

2   댓글의 댓글을 줄여서 표현한 단어

데 폭력이 일어나기 쉬운 환경이고 비대면이라는 특성을 활용하기 때문에 빈번히 발생한다는 생각이 들었습니다. 사이버보안관 활동 이후에는 인터넷을 할 때마다 심한 욕설이나 적절하지 못한 언어 사용이 눈에 확실하게 들어오곤 했습니다. 사이버상에서 발생하는 폭력을 가끔 봐오긴 했지만 어떻게 피해자를 도와줄 수 있을지 몰라 그 상황을 외면한 적도 있었습니다. 그런데 사이버보안관 활동을 한 이후에는 사이버폭력 예방법과 피해자에게 도움을 줄 수 있는 방법을 알게 되었습니다. 10대들이 흔히 사용하는 카카오톡, 페이스북에서 심한 욕설 등을 발견했을 때 우리가 만든 제지의 글을 대댓글로 달아 적절한 언어를 사용하지 않은 사이버 사용자가 스스로 올바르지 못함을 인지하고 바른 언어를 사용할 것 또한 깨우칠 수 있도록 도울 수 있었습니다. 사이버보안관이라는 직책이 주는 책임감 덕분에 저의 태도부터 확실히 바뀌게 되었습니다. 욕설과 비속어는 확연하게 줄어들었고 상대를 비난하는 경우가 줄어들었습니다. 더불어 주위의 친구들까지 함께 동화되는 것을 볼 수 있었고, 타인을 불쾌하게 만드는 언어를 사용한 사람들에게 바른 언어 권고문을 보내면서 상대방이 반성할 수 있는 기회를 제공하였습니다. 사이버보안관은 작은 한 사람 한 사람의 행동으로 좋은 사이버 환경을 만들어낼 수 있는 좋은 제도라고 생각하며 많은 학교가 실천했으면 좋겠습니다. 사이버보안관은 사이버에 대한 올바른 인식만 가지고 있으면 그 누구나 될 수 있었습니다.

- A 고등학교 23대 바른생활부장

문제를 문제라고 바라볼 수 있는 정도의 의식 수준은 조직 또는 공동체의 구성원으로서 할 수 있는 권리이자 역할이다. 권리를 주장하기 이전에 의무와 역할도 책임감 있게 해내야 한다는 우리 학생들의 의식 있는 변화야말로 학생에 의한, 학생을 위한, 학생과 함께하는 행복한 학생자치문화 구현이 가능하다는 것을 역설하고 있다.

2) 기호식품(담배) 대신 땀으로 스트레스를 풀어보자, 금연계주달리기

2010년 모 방송국에서 추석 명절을 시작으로 '아이돌 스타 육상 선수권 대회'를 매년 개최하고 있다. 스포츠에는 참 묘한 매력과 힘이 있다. 정해진 룰 안에서 정정당당히 경기를 통해 승자를 가려내는 스포츠는 지켜보는 사람에게도 손에 땀을 쥐게 만들고, 경기에 뛰는 선수가 나와 관련 있는 사람이거나 단지 아는 사람이라는 이유만으로도 그 흥미와 관심이 폭발적으로 증가하게 되며, 경기에 참여하는 선수에게는 두말할 필요 없이 의미 있는 순간이 아닐 수 없다. 우리들은 스포츠에게 기호식품을 대신할 수 있는 기회를 만들기로 했다.

수많은 스포츠 종목이 있지만 학급을 대표하는 몇몇 친구들이 힘을 합쳐 1등을 만들어 내기 위한 노력이 매 순간 보이는 경기, 모든 학생이 나와 구경을 할 수 있고 심지어 같이 달리고 싶은 욕구를 만드는 경기, 많은 학급이 경기에 참여해도 생각보다 빠르게 끝나는 경기, 그리고 왠지 흡연의 경험이 있는 친구들이 더 잘할 것 같은 이 경기, 우리는 계주달리기를 선택했다. 바통 대신에 담배 모양의 바통을 만들어 '금연'이라는 문구를 붙여 '금연 담배'를 들고 달리는 금연계주달리기를 금연캠페인의 일환으로 추진했다.

생각보다 교사, 학생의 열정과 노력이 뜨거웠다. 어느 좋은 날 점심

시간 50분에 이루어진 경기라고 말하기에는 그 열기를 다 담을 수 없는 지면이 아쉬울 뿐이며, 마치 세미 체육대회를 방불케 했다. 금연을 위한 의지를 다지며 각반의 흡연 및 비흡연 경험의 선수들이 대표로 계주달리기를 진행했다. 담배 모양의 바통을 들고 흡연 대신 운동으로 스트레스를 승화시키겠다는 17~19살 청소년의 땀과 발걸음은 펜스에 앉아 응원하는 교사와 모든 학생에게 몸짓으로 의미를 전달하기에 충분했다. 우승반은 영광의 금연 현수막 아래 사진 한 컷과 반 전체 학생이 피자를 먹을 수 있었다.

금연계주달리기 대회는 기획 단계부터 실행에 이르기까지 학생회가 학생들 입장에서 생각하며 협의한 창의적인 금연캠페인의 하나로 학생들 눈높이에 맞는 금연 의식 정립과 스트레스를 해소할 수 있는 다양한 방법적 측면을 제시했다고 평가된다. 금연이라는 문제를 해결하고 싶은 학생 자신의 자발적인 니즈에서부터 출발하였고, 이를 해결하기 위해 이전에 많은 경험 속에 발생되었던 실패를 발판삼았을 것이다. 이를 토대로 학생회 내에서 금연이 이루어질 수 있는 현실적인 대안을 모색할 수 있었던 원동력은 학교 안에서 학생들의 흡연이 해결되기를 막연하게 기대하지 않고 적극적으로 문제를 해결하기 위해 책상 위에 문제를 올려놓고 교육공동체간의 커뮤니케이션을 진행했기 때문이다.

학생안전부는 학생회의 의견을 중하게 여기고 수용해 학사일정을 고려한 적절한 일정과 예산을 확보했기에 다른 어느 때보다 학생들의 의식변화를 불러일으키는 성공적인 금연프로젝트로 자리잡을 수 있었다. '함께 고민해 보자. 언제 어떻게 진행하면 좋을까?'와 같은 수용적이고 열린 마음을 갖는 교사의 태도와 어렵게 문 두드린 학생들에 대한 응원이 있을 때 진정한 학생자치의 문이 열릴 수 있음을 시사하는 행사였다.

　고등학교에 진학하면서 주위에 흡연하는 친구들이 곳곳에 있다는 것을 알게 되었습니다. 처음엔 기호식품이라 하더라도 학생이 흡연한다는 것에 대해서 굉장히 불쾌했고 불편했습니다. 그 친구들이 흡연을 하는 이유는 스트레스 때문에, 답답해서, 화를 풀 데가 없어서 등이었습니다. 학업이나 주위 환경 때문에 스트레스를 받고 갇혀 있는 느낌을 받는 학생들을 위한 해결책이었던 것입니다. 건강을 해치는 해결책이 전 너무 답답하게만 느껴졌습니다. 이러한 답답함과 고민이 금연계주달리기 대회를 만들어 낸 것 같습니다.

이 대회는 건강과 금연 두 마리의 토끼를 잡을 수 있는 해결책이 됩니다. 친구들과의 협동심을 기르며 우정을 더욱 돈독히 할 수 있고, 몸을 힘차게 움직이며 바람을 가르면 힘든 일을 훌훌 털고 목표를 향해서만 달릴 수 있습니다. 또한 응원하는 친구들은 팀을 응원하며 큰 소리로 스트레스를 풀 수 있고 잡생각이 사라지게 됩니다. 학생 모두에게 건강뿐만 아니라 즐거운 추억을 만들어줄 수 있는 활동인 금연계주달리기는 체육대회에서 뿐만이 아니라 이벤트성으로 개최돼도 정말 좋을 것 같습니다.

(…)

금연을 위해서만이 아니라 요즘 학생들은 점심시간에도 운동장에 나오는 것보다는 교실에 앉아서 휴대전화와 함께 시간 보내는 것을 더 선호하는데, 이런 면에서도 금연계주달리기가 움츠려 있기만 한 학생들을 운동장으로 끌어내는 계기가 되었고, 체력 관리에도 큰 도움이

된 것 같았습니다. 나아가 다음에는 금연계주달리기를 응용해서 금연
올림픽을 진행해보면 좋을 것 같다는 생각도 들었습니다.

– A 고등학교 24대 문화체육부장

전교생이 투입되는, 생각보다 거대한 금연계주달리기 대회가 학생
회 주도적으로 이루어지면서 이러한 학생자치활동이 민주적으로 이루
어지기 위해서는 전제조건이 반드시 필요하다는 것을 분명히 알 수 있
었다. 그것은 바로 교육공동체 모두가 민주적인 절차와 과정에 보다 적
극적인 자세로 참여해야 한다는 것이다. 학교에서 발생하는 문제에 대
하여 스스로 진취적인 생각을 하고 능동적으로 해결할 수 있는 역량을
가진 존재가 학생이라는 것을 인정하고, 수용적이고 지원하는 존재로
교사와 학부모가 존재한다면 진정한 학생자치 문화 형성에 속도를 높
일 수 있다는 것을 입증하는 사례이다.

학교 주인이 되기 위한 핵심역량 곱하기(x) 프로젝트

1) 특성화고의 경영진, 학생회의 인턴 및 학생 TF 제도

경영학에서 역량이 뛰어난 인재를 영입하기 위한 다양한 채용 방식 중
인턴제도[3]는 조직 내 인적자원을 적재적소에 배치하기 위해 시행착오
를 최소화할 수 있는 방식으로 인적자원의 효율성을 극대화할 수 있는
좋은 방법으로 손꼽힌다. 특성화고등학교의 학생회는 학교를 경영하
는 경영진이라고 말해도 과언이 아니며, 학생회가 활성화되어 있는 A

고등학교 입장에서 학생회를 지원하는 학생들은 회사 입사를 준비하는 취준생들의 경쟁률에 견주어도 부족함이 없었다. 그래서 학교를 경영하는 경영자의 입장에서 학생회는 '학생회 인턴'을 모집하기로 했다. 선발된 인턴에게는 학생회 정식 입회 전 학생회 내 조직된 부서의 모든 직무를 미리 경험해 볼 수 있는 기회를 제공한다. 그리고 한 달의 기간 동안 부서 활동을 바탕으로 학생회장, 부회장, 학생생활안전인권부 교사 등이 마련한 성실성, 열정, 창의성, 화합의 정도 등의 평가척도와 자신과 직무의 적합성 등을 고려하여 최종 학생회로 임명받게 된다. 인턴 기간 중 본인의 의사 또는 학생회장의 명에 의해 중도 탈락이 발생할 수 있음을 사전에 반드시 고지한다.

학생회는 SNS를 활용해 'A고 학생회 직무중심 체험형 인턴' 모집 공고를 게재했다. 학생회 입회를 앞둔 1, 2, 3학년 학생 누구나 인턴 지원을 가능하게 했다. 총무부, 홍보부, 문화복지부, 체육부, 기능부, 바른생활부 총 6개 부문에서 모집을 진행하였으며, 서류 합격자를 대상으로 학생회장, 부회장이 주관하는 면접 전형을 실시, 최종 학생회 인턴을 선발했다.

멀리서 학생회와 학생회 인턴을 지켜보는 교사 입장에서 두 집단

3 　인턴제도는 구직자를 임시적으로 고용한 후에 수습기간을 거쳐 적격자를 정식으로 채용하는 종업원 모집(recruitment) 방법이다. 조직은 수습기간 동안 인턴사원이 조직이 원하는 인재인지를 평가하여 정식 사원으로 채용할 것인지의 여부를 결정한다. 능력, 가치관, 성격 등 여러 측면을 검토한 후 만약 조직이 원하는 인재가 아니라고 판단되면 수습 기간 종료 이후에 해당 사원을 정식 사원으로 채용해야 하는 의무가 없다. 따라서 인턴제도는 조직이 원하는 우수한 인재를 미리 확보할 수 있다는 점에서 타당도 높은 모집 방법으로 평가된다.

모두 바쁘고 힘들어 보였다. 학생회는 그들 나름의 권위를 지키며 전교생을 대표하여 주어진 권리에 대한 책임과 역할을 다하는 모습을 짧은 기간 내에 다양한 프로그램으로 녹여 인턴에게 알려줘야 하는 숙제가 있었고, 인턴은 새로운 관계 속에서 학급과 동아리가 아닌 또 다른 사회생활을 경험하며 여러 부서의 활동을 익히고 평가받아야 했기에 매 순간 촉각을 곤두세우는 모습이 인상적이었다. 대기업 인턴사원들의 모습이 이와 유사할까?

학생회 인턴제도는 학생회 내에서 부서중심 즉 직무중심의 자율적 권한을 확대함으로써 이에 따른 회장, 부회장, 부장들의 수많은 의사소통과 협의를 통해 학생회에 대한 지식이 전무하여 다소 막막할 수 있는 학생회 지원자들에게 조금이나마 직무 경험을 할 수 있는 프로그램이 될 수 있는 혁신적인 방법을 제안했다. 또한 인턴 자신들이 알고 있는 이론과 실제 학생회 실무와의 갭을 줄여주는 가교로 작용하고, 학교의 목표, 학생회의 목표, 학생회의 가치 사이의 적합성을 스스로 판단하여 선택할 수 있는 기회도 제공했다.

인턴제도가 무르익어 마무리될 즈음 학생회로부터 '학생 TF(Task Force)[4]'를 운영하겠다는 새로운 이야기를 전해 들었다. 이것 역시 경영학 용어 중 하나로 '상업경제' 교과시간에 가르치는 조직구조인데 이것

---

4   프로젝트 팀(project team)이라고도 한다. 일정한 성과가 달성되면 그 조직은 해산되고, 환경변화에 적응하기 위한 그다음 과제를 위하여 새로운 태스크포스가 편성되어 조직 전체가 환경변화에 대해 적응력 있는 동태적 조직의 성격을 가진다. 새로운 과제에 대한 조직 구성원의 도전, 책임감, 달성감, 단결심 등을 경험하는 기회를 제공하고, 구성원의 직무 만족을 높이는 효과가 있다.

을 학생회 운영에 도입하겠다고 선전포고했다. 학생회에 소속된 아이들이 얻는 보상 중 하나가 바로 학생생활기록부 기록이다. 학생회의 활동은 공식적인 문서에 의해 학교장이 결재한 교내 활동들이기에 자신이 노력한 만큼 모두 빼곡히 기록할 수 있는 근거가 마련된다. 우리 학생회는 이 기회를 학생회가 아닌 많은 학생과 공유하겠다는 목표에서 학생 TF 운영을 공표했다. 학생회가 주관하는 행사 중 전교생을 대상으로 하는 범위가 큰 체육대회, 축제, 안전골든벨, 경제골든벨, 사이버보안관 등의 행사는 행사별 학생 TF를 각각 모집하여 학생회와 동일한 자격과 역할을 부여하고 함께 고민하고 의논하여 목적에 부합하고 목표를 달성할 수 있는 의미 있는 행사들로 만들어 가겠다는 취지였다. 또한 그 활동이 끝나면 소속된 학생 TF는 자신의 역할과 노력만큼의 생활기록부 작성을 학생생활안전인권부 학생회 담당교사에게 부탁했다. 모든 학생은 박수를 보내고 거침없이 지원했다. 학생회에 지원했다 탈락한 학생, 학생회에 대한 마음은 있었으나 차마 도전하지 못했던 아쉬움을 지녔던 학생, 해당 행사에 전문성과 능력을 지닌 학생 모두 누구나 지원할 수 있었고, TF 이름에 부족하지 않게 나날이 전문적이고 창의적이게 학생회 주관 행사를 성료할 수 있었다.

자치는 곧 권력이다. 자치는 자기가 소속된 공동체 또는 조직의 일을 스스로 다스릴 수 있는 권리를 가지게 된다. 지방 자치 단체가 국가로부터 위임받은 행정 업무를 수행하듯이 학생회는 학생들로부터 위임받은 학교 결정과 관련된 업무를 수행하게 된다. 그 위임받은 기간이 지속되고 위임받은 사람이 집중되면 자치의 독재가 발생할 수 있기 때문에 자치의 영향력을 미치는 대상을 늘리고 기회의 확대가 이루어질 수 있다면 그 기회를 많은 구성원과 공유하는 것이 바람직하다. 이를 위한 하나의 방안으로 제시된 TF와 인턴제도는 바람직한 학생자치의 운영 방안이라고 평가할 수 있다.

민주적인 학교, 학생자치활동 등이 학생에게 미치는 영향은 정말 크다고 생각합니다. 학교생활을 색다르게 할 수 있고 학교가 이렇게 재밌는 곳이라는 것을 몸소 느낄 수 있기 때문입니다. 특성화고를 재학하고 나서 일반고를 다니고 있는 친구들 이야기를 들어보니 특성화고는 학생들이 더 자치적이고 자율적으로 생활할 수 있는 체계가 잘 구축되어 있다는 것을 몸소 느꼈습니다. 학교 선생님들도 학생들의 의견을 존중해주시고 스스로가 주체가 되어 활동할 수 있게끔 지도해 주시기에 구축될 수 있었던 체계와 환경이었습니다. 그래서 학생회가 주최하는 다양한 행사들 체육대회, 축제, 다양한 월별 캠페인 등 리더십과 적극성, 팀워크로 학생들에게 행복을 전할 수 있습니다. 이러한 학생회에 인턴제도가 필요하다고 생각을 하였습니다. 우선 학생들이 정확히 어떤 활동을 하는지 알고 오게 된다면 다행이지만, 보통 정확하게 어떤 일을 하는지는 알지 못하고 오는 경우가 허다합니다. 학업에 대한 영향, 자신에게 맞지 않는 업무 등으로 곤란을 겪게 된다면 본인뿐만 아니라 다른 학생회 임원들에게도 업무불성실을 통한 영향을 주게 됩니다. 팀워크가 조금이라도 무너지게 되면 캠페인의 목표를 달성하기 힘들기 때문입니다. 그렇기에 최소 기간의 인턴제도를 운영했습니다. 더불어 학생회가 아니더라도 행사를 기획해보고 참여해보고 싶다는 학생들을 위한 TF는 전교생에게 새로운 경험과 학생회 혜

택을 공유했습니다.

- A 고등학교 25대 서기

학생회의 권력을 공유한다는 개념을 교사로서 먼저 생각하지 못했던 것은 바로 '학생자치'이기 때문이다. 학생자치로 인해 파급될 수 있는 교사의 학교에 대한 이해관계가 학생, 학부모에 비해 크지 않기 때문이다. 하지만 학생들에게는 또 다른 게이트로 이해관계를 활용하기에 충분할 수도 있다는 것이다. 학교의 모든 활동 및 사회적 위치에 접근할 수 있는 기회가 원하는 모든 학생에게 주어지는 기회의 평등을 실현하는 학생들의 아이디어에서 자치의 의의를 인터뷰를 통해 알 수 있다.

학교주인이 되기 위한 자치규칙 나누기(공유하기, ÷) 프로젝트

1) 주인이 되기 위한 큰 나눔, 교육공동체 대토론회

학교의 진정한 주인이 되기 위해서는 학교를 공유하고 있는 다른 주체들에 대한 인정과 존중, 그리고 그들의 목소리에 대한 경청의 과정이 요구된다. 학교를 구성하고 있는 모든 교육 교육공동체인 학생, 교사, 학부모가 대등한 파트너로서 그들이 원하는 단위 학교를 함께 만들어 가고, 자율적으로 운영해 나갈 수 있는 학교 문화를 조성하기 위해 교육과정 대토론회가 필요하다. 교육공동체 대토론회는 학생, 학부모, 교사의 의견을 수렴할 수 있는 자리로 학교 민주주의를 학생, 학부모, 교원의 입장에서 조명하여 단위 학교의 새로운 미래를 설정할 수 있는 발판이 된다. B 중학교 교육공동체는 강당에 모여 '소통과 공감이 오가는 행복한 학교 만들기'라는 대주제 안에서 3개의 소주제를 가지고 관행적 틀에 얽매인 형식적 소통에서 탈피하여 열띤 토론을 이어가며 각 주체의 의견을 경청하였다.

먼저 토론 주제에 대한 사전 조사를 위해 인터넷 양식을 활용해 최대한 많은 교육공동체의 의견을 수용하고자 SMS 문자 형태로 전송해 관심 주제를 선택할 수 있도록 하였다. 토론 주제는 학교 구성원들이 가장 관심을 보이며 견해차가 상이할 것 같은 주제들을 제안했고, 스마트폰을 활용해 누구나 쉽고 빠르게 선택할 수 있도록 제한된 양식을 제시했다. 그 결과 학부모 참여 제고와 학교교육과정 운영을 위한 발전적 제안, 학생이 행복한 학교를 만들기 위해 필요한 것, 교사의 휴대전화 번호 공개 등과 같은 주제를 가지고 학생, 교사, 학부모를 균등한 비율로 모둠을 구성하여 모둠 내 찬성과 반대 의견을 나누며 서로의 입장을 알아가는 충분한 시간을 가진 후 모둠별로 의견을 모아 정리하고 발표하였다. 서로 의견을 나누는 토론의 과정은 생각하지 못한 새로운 접근과 생각의 폭을 확대시켜 주었다. 특히 기타 사항으로 토론된 주제 중 학생들의 불편과 불만이 난무했던 체육관 미세먼지 제거를 위한 방안에 대한 안건은 학생들의 이유 있는 근거 제시와 학부모의 다양한 정보력으로 체육관 내 공기청정기 설치와 학생들의 실내화와 실외화 구분 착용, 교사의 지속적인 안내와 지도 등 모든 주체의 투철한 노력이 수반되는 합리적인 답안이 도출될 수 있는 건설적인 토론의 장이 되었다. 또한 학교 자체에서 해결이 어려운 내용들은 교육청의 지원, 인터넷 또는 어플리케이션 활용과 같은 보완이 가능한 좋은 방안들이 많이 제시되었다.

교육공동체 대토론회는 학교 구성원 각각의 입장을 공감할 수 있는 기회를 제공함으로써 문제에 대한 가장 합리적인 대안을 함께 찾아가는 지름길의 역할을 하였다. 특히 평소에 무시될 수 있는 진정한 학교의 주인, 학생의 소리에 귀 기울일 수 있으며, 학교자치의 출발이 될 수 있는 자리이다. 학생들 역시 스스로 주인이 되는 방법을 찾아가는 자리이며, 주인이 될 수 있는 학교자치, 학교 민주주의의 토대를 구축하는 자리였다.

> 학교는 선생님들이 만드는 곳이라고 생각했습니다. 선생님도 엄마도 우리들의 목소리와 고민에 귀 기울여 주시지 않으셨습니다. 하지만 그날은 달랐습니다. 적어도 선생님과 학부모님 모두 저희의 눈높이에서 저희가 이야기하는 학교의 문제점을 함께 듣고 고민해 주셨고, 함께 해결방안을 찾아주셨습니다. 가장 재미있던 경험은 우리 엄마가 말하면 잔소리였을 이야기들이 친구 엄마가 말씀하시니 부모님들의 걱정으로 받아들여지기도 하고, 부모님의 입장을 이해할 수 있었습니다. 주제별로 결론을 발표하기까지 이루어지는 토론의 과정이 친구, 부모님, 선생님과 함께 모둠수업을 하는 느낌이었습니다. 이번 교육공동체 대토론회 시간뿐 아니라 다른 수업시간에도 선생님, 부모님과 함께 토론하고 수업받는 시간이 있었으면 좋겠다고 생각했습니다.
>
> - B 중학교 3-1 반장

적어도 교육공동체 대토론회에 참여하는 교육의 3주체는 누가 시켜서가 아닌 자발적인 참여 의사를 표현하여 충분한 소통을 통해 문제

해결이 가능하다는 신념에서 출발하였다. 학생과 학부모의 요구가 발생할 때 학교는 시간과 장소에 구애받지 않고 커뮤니케이션이 가능한 의사소통 창구를 마련해 함께 문제를 인식하고, 문제를 해결하기 위한 노력을 함께 고민해야 하는 중요성을 인터뷰를 통해 알 수 있었다.

우리가 잘 알고 있듯이 학교는 생각한 것보다 더 특수한 집단이다. 연령대와 성별이 뒤섞여 있는 집단이 조직적으로 모여 있기에 동질성과 이질성이 공존하는 곳이다. 따라서 서로에 대한 배려와 공감 없이는 발생하는 다양한 상황과 문제를 모두가 이해할 수 있는 민주적인 절차에 의해 해결할 수 없다. 서로가 자신이 생각한 것을 의도대로 적절히 표현할 수 있고, 자유롭게 소통하는 과정에서 서로의 의사를 존중하고 예의를 갖춰 공유한다면 모두가 만족하고 행복할 수 있는 학교자치 문화를 만들어 갈 수 있을 것이다.

3. 좌충우돌 학생주도 견문록

교사, 깨어나다

신입 교사 시절부터 기억하는 학교 현장은 톱다운 소통으로 일방적인 지시 체제가 학급 내 학생지도로 이어져 학생의 의견을 배제한 채 교사 중심의 일방적 일 처리가 대부분이었다. 이러한 교육활동은 학생 인권 및 교권침해라는 부작용을 낳았고 이에 대한 성찰과 대안으로 회복적 생활교육이 도입되었다. 때마침 2014년 지역사회에는 '회복적 생활교 육'으로 전면적 생활지도를 성찰하는 새로운 바람이 불고 있었다. 당시 새 학년 맞이를 위해 어떻게 하면 학교 분위기를 바꿀 수 있을까 고심하 던 중, 학생과의 신뢰를 바탕으로 한 관계 형성 없이는 우리가 꿈꾸는 수업을 지속할 수가 없다는 생각이 앞섰다. 2월 잠시의 안식을 통해 분 주한 3월을 준비하는 선생님을 대상으로 반(半)친분/반꼬드김 부류, 자발적 참여 부류로 20여 명이 배움의 인연으로 엮이어 회복적 생활교육 연수에 참여하며 교사들은 내면의 폭풍 같은 일렁임을 만났다. 권위와 통제의 교실 압력이 존중과 신뢰를 위한 평화적 구조로 전환되기 위해서는 교사 자신부터 습관처럼 굳어있던 응보적 지도에 대해 성찰하고 자신의 내면을 응시하는 시간을 맞이하였다.

이후 2월 연수를 이수한 교사들은 교무실 주변 동료들을 독려하여 학기 중 회복적 생활교육을 위한 학급운영 로드맵 연수를 학년 단위로 신청하였다. 회복적 정의가 즉각적 문제 해결의 수단이 아닌 생활교육의 철학이 되어 교육공동체의 전반적 생활원리로 작동할 때 학교 구성원 간 진정한 신뢰 관계가 형성된다는 것을 절감했다. 개별 학생의 문제 상황은 그해 운이 나쁜 학급 담임만의 고민이 아니라, 학년의 공통 문제로 함께 고민을 덜어내고 방법을 찾아내는 협력적 문제해결력이 필요하다는 것에 공감하였다. 무엇보다 이러한 움직임은 교실 내의 평화공동체 조성에도 긍정적 영향을 미쳐 학생 상호 간 존중하고 배려하는 비폭력 대화로 말하기, 학생을 학교 구성의 공동 주체로 인정하는 분위기로 전환되었다. 기억하건대, 학생자치활동도 학교를 떠나기 아까울 정도로 주도성의 물이 오르기 시작했다. 학생자치의 물꼬는 학생 가까이 있는 교사의 인식 전환과 공감, 실천에서 비롯되며 거버넌스 구축은 먼저 깨어난 사람이 실천하고 연결하는 것이다.

모이고 떠들고 꿈꾸는 교과콘서트

회복적 생활교육으로 평화로운 교실공동체 조성이 정착되면서 자연스레 학생들은 자신이 하고 싶은 배움이나 활동에 대해 의견 개진을 하게 되었다. 명목상으로 그치는 창의적 체험활동인 범교과 수업에 자신들이 하고 싶은 활동을 하게 해달라는 제안이 들어왔다. 일상의 학교 사안에 스스로 의문을 가지고 동료와 공유하며 협력적 제안하는 것은 학생자치의 긍정적 단초라 할 수 있다. 당시에 지필고사가 완료되고 성적처리에 바쁜 교사들이 여름방학을 맞이하기까지 이완된 수업을 진행하는 것을 학사 운영 취약시기라 명할 정도였다. 이에 학생자치회에서 건의한 내용은 자신들이 좋아하는 교과와 관련된 다양한 활동을 구상하고 그에 맞는 지도교사를 팀에서 섭외하여 활동의 전 과정을 코칭 받으며 완성작을 발표하고 싶다는 것이었다. 교사 입장에서 업무 처리에 집중할 수 있는 요긴한 시간에 또 다른 거사를 함께 기획한다는 것이 부담스럽고 귀찮다는 기색이 다수였다. 그러나 학생들이 무엇을 해보려고 나서는 용기와 발상이 기특하다는 지지층도 소소하게 나왔다. 종국에는 논리적 설득력을 갖춘 대의적 가치가 귀차니즘을 이겨낸다. 그래서 더디지만, 역사는 조금씩 진보한다. 이런 사연과 함께 모여서 떠들고 꿈꾸는 와글와글 콘서트의 막은 올랐다.

요즘으로 보자면 자기개발시기 학생이 주도하며 자신의 진로와 관련된 교육활동을 마음 맞는 동료들과 협력적 프로젝트로 구안하는 빛깔 있는 수업 만들기에 해당된다. 당시에는 빛깔은 고사하고 밑그림도 학생 스스로 그려나갈 엄두도 못 내는 시대적 상황이었기에 학생들이 하고 싶은 것을 하되 학교 측의 상황을 고려해서 '교과와 연계하여'라는 단서를 붙였다. 이를 위해 교과의 날 준비 소위원회를 출범시키고자 학급별로 소위원회 참가 신청서를 받고 혁신연구부 중심으로 소위원회 참여 교사 지원을 받기로 했다. 교과의 날 소위원회에서 학생들은 교과콘서트의 취지, 세부 활동 내용, 예산 지원에 대한 브리핑과 더불어 학급별로 사전 설문한 내용을 바탕으로 자신들의 힘으로 교과의 날을 운영하는 것에 대한 흥분을 숨김없이 드러냈다. 다섯 차례 소위원회 회의를 거치며 교과의 날을 운영하는 목적, 의미, 기대하는 바, 예산에 관한 윤곽이 나오기 시작했다. 지도교사의 머리를 절레절레 흔들게 하는 우여곡절 끝에 학생 대표와 지도교사가 함께 구상한 교과의 날 운영 내용을 들여다보고자 한다.

〈표 5〉 교과의 날 운영 내용(부분)

연번	과목	프로그램명	대상	대표학생 지도교사	장소	참가인원	일시
1	국어1	나도 작가! 내가 만드는 이야기	중1	강00 권00	1-6	3~4명	7/14
2	국어2	아름다운 나의 동화	중2	최00 이00	2-7	3~4명	7/15
3	국어3	함께 만드는 우리의 이야기	중3	김00 최00	3-9	3~4명	7/16
4	사회3	티끌 모아 태산 - 적은 노력으로 살리는 지구	중3	정00 남00	3-3	3~4명	7/16
5	역사2	과거로 가자, 뿅~ 유물 만들기 시간여행	중2	김00 강00	2-5	4명	7/15
6	도덕3	내가 주인공 종합잡지 만들기	중3	이00 정00	3-1	4명	7/16

7	수학2	기하야 우리랑 놀자	중2	김OO 박OO	2-1	4명	7/15
8	기술가정1	손바느질로 필통 만들기	중1	문OO 김OO	1-3	5명	7/14
...	...	...	...	...	...	...	...

돌아보건대, 거룩한 신화만 있었던 것이 아니었다. 한창 열에 들떠 콘서트를 준비하던 중, 교육과정 내 교과 재구성의 의미를 찾기 위해 학생들이 제안한 활동이 교과의 성취기준과 연계될 수 있는지 논의하는 과정에서 교사와 학생들의 갈등이 있었다. 학생들은 성취기준이나 교육과정과 관계가 있는 활동인지를 탐문하는 교사들을 자유롭고 창의적 활동을 제한하는 것이라 여기고 이런 간섭은 일상의 수업과 다를 바가 없다는 불만을 드러내었다. 이에 소위원회 차원으로 긴급회의를 개최하고 학생 대표를 통해 소질을 계발하는 동아리 활동과 달리 교과의 날은 교과의 교육과정 내에서 학생들이 만들어가는 수업이라는 단서를 붙이며 운영의 취지를 다시 안내했다. 억지 동의를 끌어낸 기억이다.

뒤따르는 어려움으로 3개 학년이 동시에 운영하는 것은 학년을 교차하여 수업을 담당하는 교사의 지원 상황이 여의치 않아 한 학년씩 순차적으로 진행하는 것이었다. 또한 다른 학년의 교사가 해당 학년 교과의 날을 지원하는 문제가 뒤따랐다. 가장 큰 난관은 수업 시간표 작성으로 다른 학년의 수업 결손을 최소화하면서 해당 학년의 교과의 날을 지원하는 것이었다. 또한, 종일 수업을 진행하다 보니 교사의 수업 강도가 높아져 휴식 시간을 가질 수 없기에 교사들의 볼멘소리가 틈틈이 흘러나왔다. 교사의 휴식 착취 및 업무 과부하까지 이르며 학생 중심으로

꿈과 끼를 지원하는 것은 또 다른 행복을 보장하기 위해 또 다른 결핍을 만들 수 있다. 하여 교과협의회를 통해 한 학년의 지도교사가 3시간 이상 지도하지 않도록 다른 학년이나 유사 교과가 지원하는 대안을 마련하였다. 교과의 날 마지막 날은 수업 닫는 마당으로 전교생 모두 학급별 수박화채를 만들어 대접하는 훈훈한 마무리로 사제 간의 노고를 격려했다.

　학기 말 마무리할 업무도 많은데 학생을 주체로 인정한다는 소신을 지키기 위해 부담스러워하는 선생님을 설득하고 일부 귀찮아하는 학생들을 대상으로 별도 준비 교육을 한다는 것은 열정이 넘치는 교사에게도 벅찬 일이다. 그럼에도 새로운 도전을 학생들과 함께 모의한다는 설렘이 있었다. 교과 대표 학생들은 자신이 제안한 아이디어들이 실행된다는 뿌듯함으로 참가 인원을 모집하기 위해 틈새 쉬는 시간마다 학급을 돌아다니며 개성적인 홍보에 열을 올렸다. 학생들의 열정과 자발성이 어디에서 나오는지를 알 수 있었다. 보여주기식 완성도 있는 결과를 내어놓아야 한다는 어른들의 욕심을 내려놓으면 학생들은 자신의 주체성을 십분 더 발휘할 수 있다. 때론 여지없는 실패가 예상되기도 한다. 학습 의욕이 없는 학생은 교과의 날이든, 색다른 체험학습을 하든, 무색, 무취의 일관된 반응을 하며 가급적 별도의 준비와 노력이 없는 반을 신청한다. 그런 선택지를 한 학생들이 몰릴 경우, 교과 대표 학생과 지도교사는 난감해하며 운영진들을 원망했지만 그런 경황 속에 감동 가득한 일화가 탄생하기도 하였다.
　음악 교과에서는 교과의 날 운영을 탐탁지 않게 여기며 리코더 협주로 참여의 의미만 살리려 했는데 공교롭게 학습 의욕이 부족한 학생들이 대거 리코더 협주반을 신청하였다. 대표 학생과 음악 교사는 유명한 교향곡이나 협주곡을 연주하려 곡목을 뽑았건만 정작 학생들 일부는 리코더 준비도 안 되었거나 악보를 볼 줄 모르는 학생이 대부분이었다. 이에 리코더 협주팀은 소위원회에 운영상의 문제를 제기하며 수업 중단까지 내비쳤다. 그래도 자발적으로 온 학생을 내치는 것이 아니라고 설득하며 리코더 반 진행 과정의 눈치만 보다 다른 업무로 한동안 리코더 반의 문제를 잊었는데, 오후 무렵 리코더반에서 협주 소리가 퍼져 나오기 시작했다. 반란 같은 연주곡은 초등학생 애창 동요 〈구슬비〉였다. '송알송알 싸리잎에 은구슬…' 노랫말이 맴도는 어설픈 연주가 교정 전체에 울려 퍼졌다. 대표 학생은 접장이 되어 보조 지도를 맡고 지도교사는 학생들과 눈을 맞추며 음역별로 집중 지도로 화음을 이끌어 내는 감동적인 장면을 만날 수 있었다. 지도교사와 대표 학생은 이상적 그림을 내려놓고 난감한 상황에서 눈치만 보는 학생들을 다시 품으며 학생 수준에 맞는 곡 선정과 악보 보는 법부터 시작했다. 패배감에 젖은 학생들에게 '나도 나의 소리를 낼 수 있다'는 용기를 심어준 교사의 가르침이 오래오래 자랑스럽다. 훗날 학생들은 이날을 어떤 기억으로 채우고 있을까? 그날 지도교사와 시선을 맞추는 학생들의 눈빛이 먹먹하도록 선연하다.

떠듬떠듬 학생자치회 뒷담화

고등부 학생자치가 활성화된 경기도 ○○고등학교는 연간 학교의 굵직한 교육활동과 행사들을 학생이 주도하는 대표적인 학교이다. 소문난 잔치인지, 소문보다 내실 있게 움직이는지 학생자치의 실상이 궁금한 이방인은 ○○고등학교의 학생자치활동을 탐방함으로써 실험과 상상이 있는 배움터의 열정을 확인할 수 있었다. 이 학교는 학생들로부터 시작되는 문화 형성이 학생들의 자발성과 창의성을 향상, 유지시킬 수 있다는 신념 아래 학생자치활동을 통해 학생들은 교육의 주체로서 학교와 적극적으로 소통하고 있었다. 학생자치회 주관으로 준비위원회를 꾸려 기획에서부터 예·결산까지 자율적으로 담당하는 축제와 체육대회, 건강한 급식문화 선도, 농촌 봉사활동, 수업 제안팀, 문제공감 프로젝트팀, 졸업, 입학식에 이르기까지 대부분 학생은 연중 준비위원회 활동 하나씩을 경험하고 있었다. 준비위원회에 참여한 학생들은 누구든지 주체가 되어 역할을 분담하여 아이템을 교류하며 협력적인 문제해결 과정을 통해 민주시민의 자질을 익히고 있었다. 학생들은 스스로 결정하고 실행하는 과정에서 성공과 실패를 맛보며 교육공동체의 중요한 일원으로 책임감을 내면화하고 자신의 정체성을 보다 확고하게 찾을 수 있었다.

학생자치회의 의견수렴 기구로서 학교와 학생들의 상호 이해와 성장의 발판을 마련하기 위한 소통 구조를 다음과 같이 소개한다.

Chapter 2. 학생자치의 실제

■학생자치회의 소통 구조

1) 학생과의 소통(공감)
- 총터뷰: 매주 지정되는 2명의 종달새(학생부원)가 친구들을 인터뷰해 안건으로 가져옴.
- 틈새회의: 종달새가 가져온 안건이 학생회의 안건이 됨. 학생회가 산적한 안건에 휩쓸려 놓친 이야기를 짚어내는 시간.
- 종달새 편지: 총터뷰에서 나온 학생들의 언어를 페이스북을 통해 카드 뉴스로 전달하는 시스템. 결정된 사항을 알리는 것이 아니라 학생들이 안건의 맥락까지 알 수 있기를 기대함.

2) 학년회의와의 소통
학년문화의 맥락을 학생회(학년학생회+총학생회)가 함께 공유하고 연대하면서 개인의 삶과 학생회의 일을 연결시킴.
- 말랑회의: 총학생회×학년회 회의. 각 학년의 문제를 공유해 총학생회는 학년 문화에서 학생들의 이야기를 짚어오고 학년회는 총학생회의 맥락을 학년으로 가져와 소통을 전개함.
- 같이하는 학자: 각 학급의 대의원과 총학생회 부원이 만나 학생자치회 주제를 논의함. 모든 학생이 자치로 연결되는 학자 시간에 총학과 학년회의 고민의 연결지점을 녹아내 삶과 자치를 연결시킴.

3) 3주체와의 소통: 더 나은 변화를 이끌기 위해 3주체는 각 주체를 인정하고 서로 협력함.
- 틈3소통: 학생회, 학부모회, 교사회 회의록 공유 밴드로 각 주체가 어떤 이야기를 하고 있는지 공유하고 협력이 필요할 때 서로에게 손을 내미는 회의.
- 합의의 장: 매년 초 3주체가 앞으로 일어날 일련의 문제들에 어떻게 협력할지 논의하는 장.

○○학교의 학생자치 소통 구조를 들여다보면서 학생자치는 교내 민주주의의 실현을 위한 연습장이며 개인의 이야기가 공적인 목소리로 확장되고 있다. 각자가 좋아하는 방식으로 일을 벌이는 데서 학생의 자존감은 향상되고 배움의 즐거움은 배가 되고 있음을 알 수 있었다.

　　학생자치의 출발은 '학급자치로 어떻게 뿌리 내려지느냐'에 따라 활성화의 정도가 달라진다. 학급자치회를 통해 자신들의 의견이 학교에 반영되는 것을 경험한 학생들은 자치에 대해 긍정적으로 인식했고 이는 다시 학교 운영에 관심을 가지는 주체로서 참여하게 되는 동인이 되었다. 작은 살림도 귀하게 여기는 풀뿌리 민주정신을 다음의 학급자치회의 진행 체크리스트에서 확인할 수 있다.

학급자치 사전 준비 단계(체크리스트)

0단계: 약속
구성원 모두가 동의한 학급자치 약속을 설정하고 이를 반 전체에 공유한다.

1단계: 의제 설정하기
학급자치의 의제는 추상적인 질문이 아닌 친구들의 삶과 생활에서 나온 문제의식을 바탕으로 구체적 안건(좋은 질문)의 형태로 설정해야 한다.

2단계: 의제 설명
학급자치 진행자는 의제가 나오게 된 배경과 의제와 관련해 이야기해보고 싶은 세부 질문들을 생각하고 이를 학급자치 구성원 모두가 충분히 이해하고 학급자치에 참여할 수 있도록 유도한다.

$\downarrow$

3단계: 돌아보기

학급자치는 자신의 의견을 말하는 것 못지않게 상대의 의견을 경청하는 것도 중요하다. 솔직한 말을 하라고 강요하기 전, 진행되고 있는 학급자치를 구성원 모두가 안전한 공론장으로 인식하고 있는지 돌아본다.

$\downarrow$

4단계: 학급자치 진행

학급자치 진행자는 단순 의제 설정자의 역할에서 끝나는 것이 아니다. 중심 의제에서 비롯되는 세부 안건 사항은 무엇인지, 의제를 논하기 위한 가장 적합한 방법은 무엇인지 논의의 결과를 어떤 식으로 도출할지 등 학급자치의 시작, 중간, 끝을 머릿속으로 그리며 진행해야 한다.

완성도 높은 무대 공연을 준비하기 위한 스텝의 철저한 준비처럼 매주 월요일 1교시에 진행되는 학급 자치회의를 위해 모듈 아이디어를 세심하게 준비하고 있었다. 그만큼 참여와 소통을 중시하는 학생회의 자치에 대한 애정도를 엿볼 수 있다.

■다양한 학생자치 모듈 아이디어

1. 모듈 아이디어

　① 의미 부여하기 시간 가지기

　　- 학자 시간 전에 오늘 자신의 학자 시간에서 가질 목표 하나 정하기

　　(예시: 오늘은 000 친구의 이야기를 집중해서 듣기)

- 학자 시간이 끝난 후 학자 시간에 대한 자신의 목표를 잘 이루었는지, 나에게 어떤 학자였는지 한 문장으로 적기.

② 학급 부서제

- 학자 진행하기 1주일 전에 모둠별로 부서를 정하기.

(예시: 1 모둠 → 주제 모으기, 2 모둠 → 주제 정하기, 3 모둠 → 학자 전 사전 준비, 4 모둠 → 학자 진행하기)

- 주별로 모둠 역할을 바꾸거나 월별로 짝 바꾸기를 진행하면서 모둠을 바꾸는 방법이 있다.

(예시: 주별 - 1 모둠: 주제 모으기 - 주제 정하기 - 사전 준비하기 - 학자 진행 / 2모둠: 주제 모으기 - 주제 정하기 - 사전 준비하기 - 학자 진행 / 월별 - 홍길동 9월 모둠 - 1 모둠 / 홍길동 10월 모둠 - 2 모둠)

③ 1교시 활용법

- 1교시 30분 짝대화. 1교시 15분 짝대화로 얻은 이야기 공유하며 학자 열기

- 2교시는 1교시 이야기를 바탕으로 진행하거나 유동적인 학자 진행 가능

④ 학자 진행 순번제

- 학자 진행에 순서를 맡아 대의원의 역할을 맡아 본다.

⑤ 학자 피드백 게시판

- 오늘 학자에 대한 피드백을 쓰는 칸.

- 다음 학자에 대한 목표나 기대를 쓰는 칸.

⑥ 학자 퀘스트

- 매일 학자 퀘스트를 제공하면 그곳에 답을 쓴다.

(예시 : 월-오늘 학자는 나에게 어떤 의미가 있었나요? / 수-어제, 오늘 나의 기분은 어떤가요?/ 목-이번 주 생활하면서 불편한 점은 무엇인가요?/금-학자 주제에 대한 나의 생각 프리뷰 쓰기)

- 퀘스트의 질문은 대의원이 작성할 수 있고 모둠별로 돌아가면서 요일을 맡아 질문을 만들 수 있다.

회의와 토론에 익숙하지 않은 일반학교에서 학급자치회의나 학생이 주도하는 학생자치활동을 지원한다는 것은 어떻게 시작할지 막연하다. 그 난감함을 떠올리며 ○○학교 학생자치회를 살펴보니 학생자치활동의 기술적 팁보다 더 중요한 것은 학교의 철학과 다양한 배움의 기회를 보장하기 위한 학생 존재에 대한 온전한 존중이었다. 얼핏 보면 교사의 역할이 단순 정보 제공이니 비품 보조로 그쳐 미미한 것 같지만 그곳에는 기다림의 미학과 성장의 믿음이 있었다. 자치를 민주시민 형성의 근간으로 보며 학교 졸업 이후의 어떠한 삶을 살아갈 것인가에 대해서까지 생각하는 학교의 가치에 따라 학생이 주체가 될 수 있는 배움과 상상의 실험터는 무궁무진했다.

학생자치활동을 경험한 학생 인터뷰로 생생한 감회를 대신하고자 한다.

■ **학생 인터뷰**

작은 것에서 시작하자

학생자치활동을 어디에서 시작해야 할지 막연했다. 그런데 거창한 것에서 시작하기보다는 자신 및 주변 친구들이 관심 갖는 것에서 시작하는 것이 좋았다. 예를 들면 식재료를 구하고 음식을 직접 만들어 보겠다는 마음에서 2학년 통합기행의 주제를 '삼시세끼'로 잡고 기획, 추진했다. 당시 〈삼시세끼〉라는 예능프로그램이 한창 뜨고 있었다.

– ○○학교 졸업생 L

건전한 이기심에서 자치활동을 하자

우리 학년이나 학교를 위해 희생하고 봉사한다는 마음으로 자치활동을 하기보다는 건전한 이기심에서 자치활동을 시작해 보자. 왜냐하면 '나'가 빠진 우리는 바람직하지 않기 때문이다.

나는 1학년 때 대의원, 2학년 때 학년회장, 3학년 때 총학생 회장으로 활동했다. 그런데 고3 수시를 준비할 때 시간 상 균형을 잡기 어려웠다. 수업 참여와 수업 준비하는 시간을 제외하면 온통 학생회만 생각한 것이다. 그래서 내가 학생회인지, 학생회가 나인지 구별하지 못했다. 그러다가 자소서를 준비하는 과정에서 정작 내 이야기를 풀어내는 데 어려움을 겪으면서 내가 소진되었다는 것을 깨달았다.

내가 어떤 곳에서 살고 싶은지, 가장 가까운 친구들이 어떤 모습으로 살기를 원하는지 생각하며 살아가자. 그래야 학생자치활동을 하느라 소진하지 않을 수 있고 나와 우리 모두 건강한 공동체를 만드는 데 기여할 수 있다.

- ○○학교 졸업생 B

핑퐁 무대에서 학생주도 프로젝트 주인공이 되다

2017년 교육청에서는 교실 내에서의 학생 참여 수업만으로는 학생의 미래 역량을 신장시키기에 한계가 있다는 진단으로 배움의 장을 지역 사회로 확대하는 학생주도성 프로젝트를 학교교육과정의 필수 교육활동으로 권장하려 했다. 문제는 공문 한 장에서 비롯되었다. 학교회계 편성지침에 학교 예산으로 200만 원을 별도 지원금으로 배정하면서 학교 현장에서는 이 사업의 주관 부서가 누구냐로 한바탕의 설전이 오고 갔다. 학생회와 관련된 활동이니 학생 관련 부서의 업무라고 보는 관점, 교육과정 운영의 일부이니 교육과정 부서의 업무라고 보는 관점, 전반적으로 학생의 인문학적 소질과 잠재력을 계발하는 것이니 인문사회 관련 업무라고 보는 관점으로 갈리면서 학생주도 프로젝트는 설 곳을 잃은 핑퐁 업무로 천덕꾸러기 신세가 되었다. 그런 기 싸움이 왕성할 때, 엉뚱한 일을 잘 벌이는 혁신중독 열혈 교사는 재미난 모의를 꿈꾸며 학생주도 프로젝트를 혁신 교육활동으로 수렴하기를 자처한다. 학교로서는 골칫거리를 처리한 것만도 그저 고마운 일이라 한동안 혁신활동에 대한 따스한 총애가 쏟아지기도 했다. 그리하여 ○○고등학교의 '청꿈찾아드림 학생주도 프로젝트'는 온전히 학생 스스로 기획하고 실행하며 필요한 예산을 요령껏 잘 쓸 수 있는 학교 브랜드 교육활동으로 자리잡게 된다.

우선 우리 학교 여건과 학생 수준에 맞는 교육활동 기획과 적용이 필요했다. 요점은 학생이 일상적인 학교 안과 밖의 다양한 분야와 영역에서 학생들이 주체가 되어 자기의 삶을 계획하고 실천하는 목적 지향적인 활동이다. 학생 스스로 주제, 문제, 쟁점 등을 찾아내고 이를 해결하기 위한 협력적인 작업에 도전하면서 민주시민으로 성장할 수 있도록 하는 경험을 재구성하는 장을 마련하는 것이 학교의 역할이다. 기존에 진행하고 있는 인문사회탐구프로젝트, 과학융합 프로젝트, 사회참여정책, 모의창업 발표회 등 이것을 잘 엮는다면 이야말로 배움의 장을 학교 밖까지 확대하여 학생이 제대로 자신의 기획력을 실천할 수 있는 의미 있는 경험이 될 것 같았다. 급한 마음에 학생기획단부터 찾아 나섰다. 내면의 꿈틀거림으로 무언가를 꼭 만들고 싶은 능동적 성향을 지닌 학생들은 득달같이 모임을 구성하여 학생기획단의 완장을 찼다. 여러 차례 협의회를 거친 학생기획단에서 제시한 프로젝트의 의미와 취지를 정리하자면 '자신이 잘하는 것으로 세상을 이롭게 하는 탐구성과 공익성을 주된 지표로, 지속적인 성실성과 협력성을 부차적으로 실행하느냐'의 계획성에 따라 활동 신청이 수락되고 예산이 지원될 수 있다는 것이다. 100장 넘게 들어온 신청서를 판별하는 기준을 다음과 같이 협의하였다.

〈표 6〉 청꿈찾아드림 학생주도 프로젝트 평가 기준

평가항목	평가지표		평가내용
주도성 역량 (30%)	30%	탐구 능력	- 활동을 운영할 수 있는 주도적 역량이 반영되었는가?
		공익성	- 탐구 활동이 공익적 차원으로 환원될 수 있는가?
		협력성	- 프로젝트팀은 적절하게 구성되어 있는가?
탐구계획서 (70%)	30%	참여도	- 구성원들 간의 정보교류 방법이 적정한가?
		탐구 목적	- 탐구 목적이 적절하게 설정되어 있는가?
		탐구 내용	- 탐구 내용의 범위는 적절하게 설정되어 있는가? - 탐구되어야 할 핵심적 내용을 포괄하고 있는가?
	30%	탐구 방법	- 탐구수행을 위해 적용하고 있는 탐구 방법은 적절한가? - 자료수집 및 분석 방법은 적절한가?
		실행 계획	- 운영 방법은 체계적이고 지속적인가?
		공익성	- 운영 활동이 공익적 차원에서 환원이 되었는가?
	10%	지도교사	- 과제를 실제로 지도할 수 있는 지도교사를 확보하였는가?

다음은 학생기획단과 지도교사가 함께 구상한 학생 프로젝트 단계별 진행 사항이다.

가. 1단계: 나의 흥미와 욕구 발견-나 찾기(4월)

- 내가 잘 할 수 있고 관심 가는 영역 찾기
- 구체적인 욕구 실현 방법 상상해 보기

나. 2단계: 함께 할 수 있는 방법 찾기-우리(5월)

- 나의 욕구를 많은 사람과 함께 시도하기
- 나와 뜻을 같이하거나 욕구가 비슷한 친구 모으기
- 우리의 욕구 실현 방법 구상
- 우리의 방법이 갖는 어려움, 해결책

다. 3단계: 공동체 프로그램 설계(5월)

- 우리의 욕구를 내 주변에, 마을에 도움이 되는 공익적 프로그램으로 설계
- 프로젝트를 했을 때 우리가 얻게 되는 것
- 보다 많은 사람에게 좋은 영향을 주는 방향으로 수정·보완

라. 4단계: 프로젝트 선택 및 구체화(5월~11월)

- 프로젝트 제목, 부제
- 프로젝트 소개, 프로젝트 선택 이유, 신청서 작성
- 단기적·장기적 실천 계획 수립하기
- 모둠원 역할 분담, 프로젝트 활동, 모둠원 협의회(학습과 이해: 독서, 영상, 정보 조사)
- 중간 성찰 평가회, 성장 나눔 발표회

마. 5단계: 활동 평가

- 청꿈찾아드림 프로젝트로 달라진 점 확인하기
- 보람 있었던 점이나 어려웠던 점 생각해 보기
- 개별적으로 참여 태도 성찰하고 느낀 점 글로 쓰기

4월 참가신청서 제출부터 12월 프로젝트 성과나눔까지 각양각색의 주제로 3~5명으로 구성된 참가 팀은 서로가 반할 정도로 놀라운 탐

구능력을 발휘하였다.

문제의식을 가진다는 것은 불편함에 대한 공감이며 공감은 또 다른 협력과 연대를 통해 서로의 재능을 보탤 수 있는 용기를 가지게 한다. 일신의 안녕과 권익에 집중된 관심을 함께 잘 살기 위한 공익적 관점으로 전환한다는 것은 민주시민으로서의 인간화를 경험하는 것이다. 학교 전체 공모로 '청덕인의 푸른 꿈을 이루는 활동, 청소년의 건강한 가치관을 정립하는 활동'으로 풀어내며 '청꿈찾아드림 학생주도 프로젝트'라는 이름을 불러주었다. 이리하여 학교를 벗어나 지역사회 문제까지 관심이 확대되고 나아가 사회적 갈등 상황에서 합리적 판단을 겸하여 실천하는 좌중우돌 탐험이 시작되었다.

대표적인 공공성을 실천한 프로젝트 활동인 '청덕어벤져스' 팀의 〈청덕동 교통은 우리가 바꾼다〉로 탐구 활동을 펼친 사례를 소개하고자 한다. 용인의 청덕동은 다른 지역과의 지리적 연계성이 떨어져 아침마다 교통 대란으로 학생들의 지각이 번번이 발생하고 그것이 학생 출결 갈등으로 이어지는 문제점에 포착하였다. 이를 위해 지역 버스 노선 문제점을 점검하고, 교통 신호 길이를 측정하여 일반인이 정해진 시간 내에 걷기 힘든 거리라는 문제에 대한 대안으로 보고서를 작성하였다. 또한, 시청에 민원을 제기하여 개선의 확답을 받아낸 것은 학생의 주도성과 협력성이 어우러진 공공적 문제해결력의 진가라 할 수 있다.

<표 7> 청꿈찾아드림 학생주도 프로젝트 실천 사례

연번	팀명	활동 내용
1	아포칼립스	〈애벌레의 청춘〉 청소년 정체성 고양 동화책, 영상동화 만들기
2	그린나래	초등학생 대상 사진 동화책 만들고 초등학생 교육봉사 활동 실천하기
3	청덕 어벤져스	청덕동 지역사회 교통 대란 해결하기
4	아두이노	프로그래밍 관심가로 미세먼지 측정기 발명, 스마트 화분 지역사회 배분하기
5	마음편지	공기관 봉사하시는 분(경찰관, 소방서, 환경단체)께 쿠키 제작, 감사 편지 나누기
6	몽쉘	10대의 솔직한 성(性) 이야기 다큐 영상 제작하기
7	부흥운동	지역사회 어린이들과 함께하는 운동 봉사로 건강한 체력 기르기
8	일취월장	미디어 리터러시를 통한 뉴스 제대로 알고 즐기기
9	립덥 영상	청덕 립덥 홍보 영상만들기 뮤직비디오 형식의 홍보 영상을 제작하여 청덕고의 가치와 애교심을 제고하는 프로젝트
10	페미니즘 한마음	페미니즘 공부를 통한 바른 이해와 실천으로 인권 의식 함양
11	노노 니코틴	지역 편의점 내 담배 광고 폐지 캠페인 활동
12	하우딩	지역사회 유기견 구하기 프로젝트
13	캔	수용자 입장을 고려한 입체적 학교 안내 설계도 제작하기
14	SUV	안전한 청덕 마을길 만들기
…	…	…

　　프로젝트 참여 학생들은 기획 단계에서부터 의견 갈등, 예산 사용의 번거로움, 상호 간 협력성 등의 어려움을 안으며 작은 사회의 축소판을 경험했다. 그럼에도 하나의 목적을 향하여 갈등을 다독이며 서로의 시간과 아이디어를 보태어 자신이 살아가는 사회를 조금씩 개선했다는 것에 사명감과 뿌듯함을 느꼈다. 다음 학생 인터뷰에서 참여의 소회를 엿보고자 한다.

이번 청꿈찾아드림 프로젝트를 통해 나를 떠나 어린이들의 시점에서 생각할 수 있는 시간을 가질 수 있었다. 책을 읽는 독자의 관점에서 아이디어를 내고 편집을 한다는 것은 누군가를 위해 나의 마음을 바친다는 것이다. 동화를 만든다는 과정에서 많은 실패를 만나며 어려움이 있었지만 모둠 친구들과 함께 하나둘 해결해 나가면서 연대감과 상호협력적 관계를 쌓을 수 있었다. 우리가 제작한 동화책을 주변 사람들에게 나눔으로써 다른 사람들에게 작지만 긍정적 영향을 미친 것에 뿌듯함을 느낀다.

— 아포칼립스, 〈애벌레의 청춘〉 동화 제작 참가 학생

이 프로젝트를 통해 우리는 신호등의 문제점에 대해 조사하고, 신호등 지속 시간과 길이를 재 봄으로써 심적으로만 느꼈던 문제점들을 심층적으로 이해하고 인식할 수 있었다. 우리 사회의 문제점을 우리 스스로 분석하고, 이에 대한 개선 방안과 적절히 해결할 수 있는 해결점을 찾고자 개인이 모두 머리를 맞대고 적극적으로 참여하여 협동심을 기를 수 있는 시간이었고 그만큼 서로에 대한 믿음도 키울 수 있었다. 우리는 이 활동을 통해 우리만의 힘으로 우리 사회의 교통과 사회의 질서를 바꿀 수 있다는 점에서 보람을 느꼈다.

— 청덕어벤져스, 〈청덕동 교통은 우리가 바꾼다〉 참가 학생

학교를 개선하고 수업을 변화시키기 위해서는 학생들이 진정으로 원하는 것을 알아내는 것이 중요하다. 그래서 해마다 학기 초에 학생들에게 묻곤 한다. 학생들은 늘 비슷하게 답한다. 재미있고 즐거운 수업, 다양한 활동이 포함된 수업, 선택의 자유가 있는 활동 등을 읊으면서 자신의 마음을 읽어주는 교사에게 무한 신뢰의 눈빛을 보낸다.

여러 해 동안 사회참여 정책 발표대회, 모의창업 캠프 등 학생주도

성 교육 활동에 함께 참여하면서 느낀 것은 사람은 궁금한 것, 좋아하는 것에 몰입하면 주도성을 발휘할 수 있다는 점이다. 그것도 마음 맞는 벗이 함께라면 그 힘은 더 세다.

학생주도 프로젝트는 학생에 대한 믿음에서 시작된다. 섣부른 간섭과 가르침을 배제하고 온전히 배움의 권한을 학생에게 넘겨줄 때, 그 과정과 결과에 있어 학생의 주도성은 배가 된다. 학생이 스스로 선택하고 결정하는 과정에서 비록 시행착오를 겪지만 그 경험마저 이후에는 앎이 삶으로 연결될 거라 확신한다. 개인적 주도성에 희열을 경험한 학생은 더불어 살아가는 세상을 꿈꾸며 그 주도성을 협력으로 확장하여 평화, 연대, 공존 등을 실천하는 시민으로 성장할 것이다.

참고문헌

- 김건아(2018). 민주시민교육으로서 학생자치활동 경험에 대한 사례연구, 이화여자대학교 석사논문.
- 김경훈(2014). 학생자치활동이 청소년의 정치사회화에 미치는 영향, 연세대학교 석사논문.
- 김유정(2020). 민주시민교육의 일환으로서 학생자치활동의 참여 양상에 대한 질적사례연구, 이화여자대학교 석사논문.
- 김위정(2016). 학생자치활동 경험이 공동체의식에 미치는 영향: 혁신학교와 일반학교 비교, 한국청소년 연구.
- 이광원(2019). 학생자치활동을 통한 민주시민 교육, 사회과교육연구, 제26권 제3호.
- 조윤정 외(2015). 경기도 학생자치 실태 및 활성화를 위한 연구, 경기도교육연구원.
- 엄기호(2014). 『단속사회』. 파주: 창비.
- 마이클 애플, 제임스 빈(2017). 『민주학교』. 서울: 살림터.
- 이우고등학교 학생자치회 매뉴얼(2019).
- 경기도교육청 몽실학교(2018). 학생주도교육 자료집.
- 청덕고등학교 민주주의지수 결과(2019).

4. 학생시민이 만들어가는 배움밥상[1] 사계절

F. T. 마리네티는 "사람은 무엇을 먹고 마시는지에 따라 생각하고 꿈꾸고 행동한다"라고 했다. 교사의 수업, 학교 안팎의 교육활동에 학생의 의사결정 참여의 활성화와 더불어 매일 먹고 마시는 학교급식에서도 학생들의 참여는 확대되어야 한다. 왜냐하면 학교급식은 단순히 먹는 것이 아니라 무엇을 꿈꾸고 어떻게 행동해야 하는지 마주하게 하는 주인으로서의 삶, 다름의 문화와 사고방식을 이해하고 더불어 살아가는 시민으로서의 삶을 배울 수 있는 가장 훌륭한 잠재적 교육과정이기 때문이다.

학교급식은 1953년 전쟁 재해 구호를 위한 UNICEF 등의 외국 원

---

1   급식(給食)이 공급자 관점에서의 용어라 학생(수요자)의 성장을 지원하는 식사의 의미를 강조하기 위해 배움밥상이라고 정의함.

조기관의 지원으로 초등학교 빵 무상급식으로 시작되었다. 2006년 7월 「학교급식법」 전부개정으로 직영급식 원칙과 식재료 품질관리 기준 마련, 급식 운영 평가제를 도입하였고[2] 이후 친환경 무상급식이라는 보편적 복지[3]에 이르게 되었다. 2015년 학생의 행복지수 향상을 위한 교육적 관점에서의 교육급식의 역할 연구 결과 보고서[4]에 학교급식의 교육적 역할의 중요성을 강조하며 일생동안 행복한 삶을 영위하도록 정신적·신체적·사회적으로 건강을 유지할 수 있는 역량을 키우기 위해, 직·간접적인 교육 활동을 교육급식이라 정의하였다. 이렇듯 학교급식은 구호급식으로 시작하여 교육급식까지 그 정의가 변화되고 있다. 하지만 학교급식을 규정하는 용어의 변화만큼 학생의 능동적이고 성숙한 참여를 위한 고민과 그에 따른 정책적 지원은 미흡하다.

고등학교 영양교사로 7년 동안 재직[5]하면서 700여 명의 중식과 200~400여 명의 석식 관리 업무를 혼자 담당하여 업무피로감은 상당했다. 하지만 교육과정 속에 '급식'이라는 매개로 학생, 동료교사, 학부모, 지역사회와 '함께' 성장하고자 하는 운영 원칙과 철학은 영양교사로 삶의 터닝포인트를 가지게 해주었다.

학교급식의 문화는 곧 학교문화를 반영한다. 운중고등학교의 학교문화가 본연의 일에 몰두할 수 있도록 민주적이었고, 공동실행하는 조

---

2   구연희(2009). 영양교사 제도의 바람직한 정착을 위한 직무수행도 및 직무 만족도 분석 연구, 연세대학교 석사논문.
3   2018년 전체 초·중등학교 11,800개교(100%)에서 학생 574만 명에게 급식을 하고, 있으며 연간 5조 9,088억 원, 영양(교)사 등 급식종사자 71,219명이 배치되어 있다.
4   명지대학교 산학협력단·경기도교육청(2015.12.21. 이영미 외 7인).
5   2013년 3월 1일 ~ 2019년 2월 29일 운중고등학교.

리실무사님들의 열정과 노력은 안정적으로 급식을 운영할 수 있는 바탕이 되었다. 2014학년도 학생자치회와 시작한 '희망급식의 날'을 시작으로 급식에 관한 전반적인 내용을 학생이 주도적으로 이끌어 갈 수 있도록 하였고, 2017년 '체육급식부'를 학생자치회 내 부서로 만들어 학생주도성 프로젝트와 연결하였다.

학생을 피동적이고 미숙하고 보호해야 할 대상이 아니라 배움의 주체, 교복을 입은 시민으로 바라보는 시각으로 변화되었듯이 학교급식도 학생이 스스로 배움을 찾을 수 있는 급식으로 변화되어야 한다. 물론 배움이 있으려면 식자재 선정, 레시피 연구, 조리 등 모든 단계가 건강하고 정성스러워야 한다. 식단구성·조리·배식과정에도 교육철학을 녹여내고, 학생이 주도적으로 식생활을 관리 역량을 갖출 수 있도록 자율과 책임을 담는 것이 배움이 있는 밥상이며, 학교급식의 미래 모습이자 방향이 될 것이다. 본 글에서는 7년간 재직했던 학교에서 신뢰를 아끼지 않았던 동료교사들, 그리고 너무나 사랑스러운 우리 학생들과 함께한 사계절 이야기를 소개하고자 한다.

봄: 학생이 주도하는 배움밥상 씨앗을 뿌려보자

1) 씨앗 하나: 학생의 학교급식소위원회 활동

학생들이 학교 교육과정 운영의 참여와 더불어 학교급식에 참여하고 적극적으로 의사를 반영하는 '열린급식'을 추구하는 학교들이 생기고 있다. 서울특별시교육청의 경우 공립학교는 조례에 따라 학교운영위원회에 급식소위원회 구성이 의무화되어 있고, 「경기도립학교운영위원회설치·운영에 관한 조례」 제16조에 의거 '학교급식소위원회' 구성·운영[6] 의무 설치 등을 통해 학부모 참여 보장 및 학생참여 활성화를 규정하고 있다. 본교도 학교급식소위원회에 학생회에서 추천한 학생 대표가 당연직 위원으로 위촉되도록 학교급식소위원회 규정을 개정(2019. 2. 14.)하였다. 식단과 조리법에 대한 소소한 의견부터 학교급식에 관한 운영위원회 심의 안건을 논의하는 등 학생 대표가 당연직 위원으로 급식 운영 전반에 의사결정자가 되었다. 학생이 학교급식소위원회의 참여는 초·중등교육법 시행령 제59조 4항을 법적 근거로 한다.

학교의 최고(最高) 가치는 학생의 배움과 성장이기 때문에 학교 현장은 학생자치의 공간이자 대화의 장이 되어야 합니다. 학교급식 또한 학교 현장에서 결코 빼놓을 수 없는 중요한 교육적 활동이기 때문에 학생자치를 위해 학교급식소위원회 위원으로 학생자치회장을 포함하는 것은 당연한 것이라고 생각합니다. 2015년 학생자치회장을 하면서 학교급식소위원회 당연직 위원으로 참여하게 되었습니다. 하지만 학생과 교사 간의 민주적인 대화 체제(학교문화)의 유무에 따라 학교급식에 대한 학생자치 반영의 폭이 매우 달라질 수 있었기에 실질적인 의사결정자로서의 활동은 크지 못했습니다. 초·중등 교육법 시행령 등과 같은 법제적 기반이 중요하지만 무엇보다 학교구성원 간의 민주

---

6 「경기도교육청 학교운영위원회 업무편람」 학교급식소위원회 구성·운영(안) 및 규정(안) 예시안 참조.

적인 대화 방식을 바탕으로 학교급식소위원회의 필요성과 중요성에 대한 합의, 학교급식에 대한 철학적 논의가 선행되어야 합니다. 그렇지 않다면 학생자치를 위한 학교급식소위원회는 형식적으로 학생 대표 1인을 '끼워 넣는' 셈이 되는 자리가 될 것입니다.

- 용인 C 고등학교 제7대 학생회장

학교급식의 대상자는 학생이기에 학생자치회의 대표가 급식의 제반 사항을 결정하고 협의하는 학교급식소위원회 위원으로 활동하는 것은 당연하다고 생각합니다. 학생자치회장은 급식에 대한 학생들의 의견과 학교급식소위원회의 의견을 연결하는 역할을 할 뿐만 아니라, 급식 관련 실태를 파악해 학생들 스스로 성숙한 급식 문화를 만들어 갈 수 있도록 역할을 하기 때문입니다. 실제로 학생자치회를 통해 급식 관련 정보를 제공받고, 학생들의 의견을 급식운영에 구체적이고 빠르게 반영하는 본교의 급식운영 방침에 신뢰를 갖게 되었고, 학생자치회 주도 급식 활동에 자율적으로 참여하는 모습을 보였습니다. 다만 학생자치회장 1명이 학생 대표로서 학교급식소위원회와 학생들의 가교역할에 치우친 현재 성격보다 더욱 체계적이고 적극적인 역할로 변할 필요가 있습니다. 학생자치회 내 급식 관련 담당 인원을 늘려 의견수렴 및 급식 관련 활동을 체계적으로 진행해야 하고, 수렴된 의견을 바탕으로 학교급식소위원회 내에서도 적극적으로 의견을 개진하도록 교육이 필요합니다.

- 성남 U 고등학교 1학년 담임교사

위 두 학교의 사례는 학생대표가 학교급식에 적극적인 의사결정자로 역할을 하기 위해서는 학생자치 문화가 활성화되어야 하고, 학교장과 교사들의 민주적인 시각과 역량이 밑바탕이 된 학교자치 문화가 중요하다는 것을 역설하고 있다.

2) 씨앗 둘: 학생자치회의 교육급식부 만들기

학생자치회 '교육급식부'는 급식 전반에 학생이 적극적으로 참여하는 경기도교육청 정책이다. 2016년 10월 22일 경기 '학생 1,000인 원탁토론회'에서 학생들이 제안한 사항으로, 2017년부터 단위학교별 학생자치회 운영 규정에 따라 자율적으로 운영되고 있다. 2018년에는 819개 학교가 운영했다.[7] 본교는 2017년 기존 부서 '체육부'를 '체육급식부'로 명칭을 변경하고[8] 회원의 심신단련 및 각종 운동과 훈련, 급식·영양교육에 관한 사항을 담당하도록 했다. 2015년부터 학생자치회에서 임원들이 중심이 되어 운영하던 '희망급식의 날'에는 희망하는 식단을 공모해 의견을 수렴하였고, 건강한 교육급식 문화 만들기 프로젝트로 급식 질서 도우미 활동, 음식문화 관련 캠페인을 주도적으로 기획하면서 활동 내용과 범위가 점차 확대되었다. 또한 학생자치회의 체육급식부와 학급의 체육급식부가 연계하여 전교생의 자발적인 참여가 이루어졌다. 학급자치가 학교자치로 나아가는 모습을 보여준 사례이다.

---

7 경기도교육청(2019). 학교급식관리방향.
8 경기도 학생생활인권규정 개정 매뉴얼에 따라 학생생활인권규정 개정 절차를 거쳐 변경함.

2019년 학생자치회 체육급식부 부장으로 활동하면서 급식과 그 급식에 대한 학생들의 피드백을 반영하는 과정이 많이 복잡하고 쉽지 않았습니다. 예를 들어 잔반 버리지 않기 캠페인을 기획할 때 영양선생님께서는 캠페인 시기, 운영 일수, 잔반에 대한 기준, 우수반 산정 방식, 상품선정 등 많은 것을 학생자치회에서 고민하고 토론하여 기획하게 하셨고, 학생자치회와 학급의 체육급식부가 연결되어 학급의 의견을 모으고 반영하는 과정을 거치도록 하였습니다. 성공적으로 캠페인을 마친 것은 학생자치회의 끊임없는 고민과 도움, 그리고 이 활동을 하는 이유가 단순히 '잔반을 줄여서 간식을 먹는 것'이 아니라 생태환경을 살리기 위한 것이라는 중심을 잊지 말라는 영양선생님의 끊임없는 피드백이었습니다. 이 캠페인은 체육급식부의 일만으로 국한되지 않고 학생자치회 14명의 모든 임원이 다 같이 계획을 세우고 서로 배려하였기에 열심히 할 수 있습니다. 이러한 부분이 학생자치회를 더 협력하게 만들고 개인적인 부분도 많이 성장하였습니다. 저 또한 책임감이 커졌고, 급식에 대한 관점도 많이 바뀌었으며 무엇보다 학교생활이 보람되고 행복해졌습니다.

- 성남 U 고등학교 2학년 체육급식부장

초등학생들은 중·고등학생에 비해 전체 학생들이 주도가 되는 학생자치가 현실적으로 어려움이 많습니다. 이런 이유로 초등학교에서 전교 학생자치회는 4학년 학생부터 구성이 됩니다. 학생자치회를 담당했지만 교육급식부의 활동이나 사례를 학생자치와 연결하여 교육과정운영에 반영하는 것을 알지 못했습니다. 경기도교육청에서 제시한

'교육급식부[9] 역할(예시)은 중·고등학교에서 운영이 적합한 것으로 생각되고 초등에서는 '식생활 예절 분과'를 조직하여 급식질서 관련 캠페인을 학생자치회가 주체가 되어 진행하거나, 체육·실과 등의 교과와 연계하여 학생들이 희망하는 음식을 조사하고 제안하여 실제 식단에 반영된다면 학생들의 학교급식 만족도도 높아질 것입니다.

– 성남 Y 초등학교 연구부장

　　학생자치회 교육급식부 활동을 통해 학교급식에 대한 학생들의 의견을 적극적으로 반영할 뿐만 아니라 기획하고 실행하면서 성장하는 모습을 볼 수 있었다. 앞서 초등 선생님의 제안과 같이 교육급식부의 학교급별 다양하고 구체적인 사례나 실천 방안 마련, 학생자치회 관련 부서 통합 계획 안내 등 유기적인 행정지원과 노력이 필요하다.

여름: 무럭무럭 학생이 키워가는 배움밥상 정책

1) 키우기 하나: 자율성과 책임감의 공존 선택급식과 자율배식

학생대표가 학교급식소위원회에 당연직 위원으로 위촉되고, 학생자치

9　학생자치회 '교육급식부'의 역할(예시) ※ 학교 학생자치회 운영 규정에 따라 자율적으로 운영 - 교육급식운영 의견 논의, 교육급식의 이해와 바른 식생활 실천을 위한 홍보활동, 교육급식운영을 위한 질서 등 약속 만들기, 교육급식운영 만족도 관련 의견 수렴 및 모니터링, 교육급식운영 토론회 등 행사 계획 수립 및 운영, 학생들의 메뉴 추천, 희망 식단 등 제안, 교육급식운영을 위한 교내 및 지역사회 봉사활동 참여 등.

회의 체육급식부 활동은 학생이 주인이 되는 학교급식 문화의 씨앗을 뿌렸다. 한 걸음 더 나아가 무엇을 먹을지, 얼마만큼 먹을지 자기결정권을 통한 자기관리 역량을 가진 학생 시민으로 성장하기 위해 '존엄'의 경험은 평화롭고 안전하게 '먹는다'는 기본 생활영역에서부터 존중받아야 한다.

인권의 보호는 사람의 자유의지, 자율성을 최대한 존중하는 것에서 시작한다. 여기서 자유의지는 선택할 자유와 자기 결정권을 의미하므로, 결국 자유의지는 선택자의 책임으로 마무리한다. 현재 각 학교의 급식환경 특성상 학생들의 완전한 자유의지를 보장하기에는 매우 어려운 실정이다. 하지만 학생들이 최소한 '먹는다'는 아주 기본적인 생활영역에서부터 자유의지를 존중받고, 그에 대한 책임을 자연스럽게 감당하는 연습이 가능하도록 지원하고 노력해야 할 것이다. 학생에 대한 민주시민교육은 거창한 곳에서 시작하는 것이 아니라, 급식처럼 소소한 생활의 영역부터 시작하기 때문이다.[10]

경기도 학생인권 조례에서는 아래와 같이 급식에 대한 권리를 규정하고 있다.

경기도 학생인권 조례 제23조(급식에 대한 권리)
①학생은 안전한 먹을거리에 의한 급식을 제공받을 권리를 가진다.
②학교는 급식 재료, 급식업체 등 급식에 관한 정보를 학생에게 제공하

---

10 김민태(2017). 학생의 자유의지를 존중한 급식이 민주시민 교육의 시작. 뉴트리앤, 서울: 엣지피앤디.

고, 정기적으로 급식에 관한 의견 조사를 실시하며 그 결과를 반영하여야
한다.
③학교와 교육감은 친환경, 근거리 농산물에 기초한 급식을 제공하기 위
하여 노력하여야 한다.
④교육감은 직영급식과 의무교육 과정에서의 무상급식을 실시하기 위하
여 노력하여야 한다.

2018년 경기도교육청 내 자율배식 학교는 230교[11]로 학생 스스로
선택하고 조절하며 학생별 개인의 기호식품을 선택하는 즐거움을 느끼
고, 본인이 선택한 식품과 식사(배식)량을 남기지 않고 먹는 것에 대한
책임감 교육을 강조하고 있다. 그러나 학교 현장에서는 자율성과 책임
감이 공존하는 실천적 교육내용, 조리 인력이나 시설에 대한 행·재정적
지원이 제한적이어서 실행에 많은 어려움이 있다.

현재 학교급식에서 시행되고 선택급식과 자율배식 운영에 보완해야
할 문제점이 많습니다. 학생의 기호도와 만족도만을 높이기 위해 추
진하는 경우, 제공하는 영양량의 과다 혹은 과소 공급의 문제가 발생
하고 있습니다. 자율배식은 본교에도 완전 자율배식의 날과 부분 자
율배식의 날을 병행하여 실시하고 있지만, 학생들의 선택권과 자율
성이 강조된 만큼 책임감은 찾아보기 힘들기 때문입니다. 자율배식
에 관련한 교육이 전혀 이루어지지 않은 상태로 시도했을 때, 학생들

---

11 경기도교육청(2019). 학교급식 기본방향.

이 선호하지 않는 식단(김치, 채소 무침 등)은 그대로 쓰레기통으로 가게 되고, 선호하는 식단(고기 종류 등)은 적정량을 초과하여 먹고자 하여 고른 영양소 섭취가 되지 않고 있습니다. 영양교사의 입장에서 선택급식과 자율배식은 기대보다는 우려가 큽니다.

- 성남 D 중학교 영양교사

우리 학교는 한 달에 한두 번 선택급식과 자율배식을 하고 있습니다. 선택급식을 하면서 잔반이 늘어나고 있습니다. 잔반이 늘어나는 이유는 학생들이 자신이 원하는 반찬, 원하는 밥, 모든 것을 선택할 때 편식이 심하게 나타나기 때문입니다. 그리고 자율배식을 하면서 2·3학년이 먹을 때는 양이 넉넉하지만 1학년이 배식 순서가 왔을 경우 이미 음식이 남아있지 않는 경우가 많았습니다. 자율배식대의 양 조절, 즉, 다른 학생들을 위해 얼마만큼 최대한 먹을 수 있고 조절해야 하는지 알 수 없기 때문입니다. 그래서 자율배식을 하면 매우 불편하고 점심시간이 즐겁지가 않았습니다. 어떻게 해야 하는지, 얼마큼 먹어야 하고 다른 학생들을 위해 어떤 것을 배려해야 하는지 알게 된다면 선택급식과 자율배식의 장점을 극대화 할 수 있다고 생각됩니다.

- 성남 Y 중학교 2학년 학생

'먹는다'는 기초 생활영역에 인간의 존엄에 대한 자유의지를 최대한 보장받기 위해서는 학생들의 균형 잡힌 메뉴 선택, 남기지 않겠다는 책임감, 다른 학생을 위한 배려와 양보 등 전 교과 과정에서 인성교육, 민주시민교육, 식생활교육이 통합적으로 선행되어야 한다.

시대의 흐름에 따라 학생들의 체격과 신체발달 상황이 달라지고, 이에 필요한 영양소의 양도 달라지는데 이에 대한 분석과 개선, 학생의 급식 섭취량은 물론 과부족 영양소 섭취량을 판단할 수 있는 '편식 판정 평가' 기준 마련도 필요하다. 편식에 대한 기준이 없는 까닭에 과학적 근거 없이 편식 개선을 해야 하고, 식생활교육 또한 제대로 이뤄지기 어렵다. 또한 현재 이뤄지고 있는 자율배식과 선택 식단 학교의 성과에 대한 분석도 먼저 이뤄져야 한다.[12] 배식 형태의 변화에 따른 적정 조리인력, 급식 공간 재구조화, 친환경 급식비 적정화, 공공 식자재 조달 방법 등 시스템에 관한 연구와 중·장기적인 대책이 마련되어야 숫자만 늘리는 사업이 아니라 지속 발전 가능한 정책으로 성장할 수 있을 것이다.

2) 키우기 둘: 학생 맞춤형 교육급식

2013년 11월 23일 학교급식에 학생 개인의 알레르기 유발 식재료의 종류를 사전에 공지하도록 알레르기 유발 식품 정보공지를 의무화(학교급식법 개정, '13. 11. 23.)하였다.[13] 이에 따라 학생이 급식 시 겪게 되는 상대적 박탈감과 소외감을 최소화하고 학생 한 명 한 명 건강 상태를 고려한

---

12 정지미·김기연(2019). 카페테리아형 '학교급식' 기회일까 함정일까. 대한급식신문.
13 알레르기 유발 식재료의 종류와 공지 및 표시 방법(학교급식 시행규칙 제7조)
〈종류〉①난류, ②우유, ③메밀, ④땅콩, ⑤대두, ⑥밀, ⑦고등어, ⑧게, ⑨새우, ⑩돼지고기, ⑪복숭아, ⑫토마토, ⑬아황산류(권장), ⑭호두, ⑮닭고기, ⑯쇠고기, ⑰오징어, ⑱조개류(굴, 전복, 홍합 포함), ⑲잣
● 식약처장이 고시한 19가지 중 식품 원재료는 의무적용, 기타 식재료와 성분은 권장사항
(「식품 등의 표시 기준」참조)

선택 맞춤형 식단을 각 학교 실정에 따라 제공하고 있다.

우리 학교에서는 학년 초 알레르기 반응 유발 학생 조사를 실시하여 알레르기 유발 식품을 빼고 따로 조리한 제거 식단, 다른 식품으로 대체한 대체식을 제공하였다. 또한 건강배려 학생을 위해서는 상시 죽 제공, 체중 조절이나 혈당 조절을 위해 현미잡곡밥, 면역력이 약해 생식이 불가한 학생을 위해 따로 익힌 음식을 제공하였다.

학생들 사이 흔히 '급식 먹으러 학교 간다'라는 우스갯소리를 할 정도로 급식은 학교생활에 있어 중요한 존재입니다. 특히 선배들에게 들려오는 급식에 대한 소문이 자자했기에 궁금증과 기대함을 함께 안고 입학했습니다. 입학식 첫날 오리엔테이션 시간에 기본적으로 지켜야 할 급식 규칙은 무엇이 있는지, 지금까지 우리 학교에서는 어떤 급식이 나왔었는지, 그리고 알레르기나 병으로 음식에 대한 주의가 필요한 학생은 어떤 배려를 받을 수 있는지에 대해 영양선생님의 설명을 들을 수 있었습니다. 면역기능이 약해 생식에 각별한 주의가 필요했던 저는 학기 초에 걱정이 많았습니다. 예컨대 생야채가 올라간 비빔밥이 메인 메뉴로 나올 경우 어떻게 해야 하나 하는 걱정이었습니다. 하지만 영양선생님이 먹지 못하는 음식을 미리 체크해주시고, 가능한 범위에서 추가적인 조리를 해주신 덕에 안전하고 맛있게 급식을 먹을 수 있었습니다. 다만 따로 조리된 음식을 받을 때 다른 학생들과 같은 줄에서 기다리다 보니 가져다주시는 동안 뒤에 서서 배식을 기다리는 친구들에게 미안했습니다. 식당이 좁아 공간적 제약이 있다는 점과 배려 대상 학생이 많지 않아 실행의 어려움이 있다는 점은 충분히 알고 있으나, 작은 부분까지 학생의 편의를 고려한다면 보다 발전된 맞춤형 교육급식이 실현될 수 있을 것이라고 생각합니다.

- 성남 U 고등학교 2학년 학생

면역력이 약한 아이를 둔 부모로서 아이의 고교입학을 앞두고 신경이 쓰였던 부분 중 하나가 바로 학교급식이었습니다. 생식을 피하고 가열하여 익힌 것 위주의 식사를 해야 했기 때문에 여간 신경이 쓰이는 게 아니었습니다. 메뉴부터 시작해 급식실 시설, 위생관리, 조리과정까지 하나하나가 모두 걱정이었는데요. 하지만 이런 걱정들은 영양선생님과의 면담이 후 식자재의 입고부터 3단계의 세척과정을 거쳐 열소독 된 조리도구로 위생적인 조리과정을 거치는 것을 눈으로 직접 확인해 주셔서 걱정은 완전히 사라졌습니다.

고교생에 필요한 영양량에 맞춰 풍성하고 다양한 메뉴의 급식이 제공되는데 아이가 먹지 못하는 생야채 등의 메뉴가 많이 나오는 날에는 특별히 별도의 조리과정을 추가해서 가열해서 익힌 음식을 제공해 주셨습니다. 또한 단체급식의 특성상 벌크로 입고되는 식자재는 개별 낱개 포장된 것으로 주문하여 줌으로써 면역력이 낮은 학생의 건강을 최우선으로 배려해주시기도 하셨습니다. 수백 명의 단체식을 준비해야 하는 상황에서 학생 개개인의 건강을 고려하여 배려받을 수 있을 거라고는 기대를 못했었기에 학부모의 입장에서는 감사 그 이상의 감동이었습니다.

- 성남 U 고등학교 2학년 학부모

현재 학생들은 각종 SNS에 공개되고 있는 각 학교의 식단 사진과 정보로 급식 만족도의 기준점을 삼아 앞다퉈 공개하고 자랑하고 있습니다. 또한 가장 화려하고 풍성한 식단 사진을 올린 학교를 부러움의 대상으로 삼고 있으며, 실제로 다양하고 예쁜 식단의 사진이 곧 만족도와 직결되고 있음을 알 수 있습니다. 어느 중학교에서는 학부모가 왜 급식에 화려한 데코레이션을 안 해주느냐는 항의를 정식 민원으로 제공한 사례도 있습니다.

학생 맞춤형 급식은 학교에서 제공하는 식단을 학생들의 입맛에 따라 다양하게 선택할 수 있도록 하며, 식품 알레르기를 가지고 있는 학생들을 위한 배려식, 질병이 있는 어린이를 위한 죽 제공 등 학교생활을 정상적으로 유지해 나갈 수 있도록 돕는 좋은 제도입니다. 하지만 영양교사, 조리사, 조리실무사가 힘을 모아 서로를 격려하고 위로해 가면서 이루어야 가능한 일입니다.

― 광주 S 초등학교 영양교사

학생의 맞춤형 급식은 단체급식이라는 획일성이 줄 수 있는 박탈감과 소외감을 안전함, 따뜻함, 보살핌으로 시스템을 변화하려는 방향과 철학이라고 생각한다. 급식환경을 둘러싼 다양한 구성원들은 학교 급식의 '공공성'과 '학생'이 모든 정책과 제도의 중심이라는 철학을 가져야 한다. 맞춤형 급식은 단순히 입맛만을 맞추는 것이 아니라 학생이 건강한 시민으로 성장하기 위한 장기 프로젝트이며 교육 활동이라는 인식으로 전환되어야 한다.

3) 키우기 셋: 학생자치회가 소통해요 '희망급식의 날'

2015년 학생자치회장으로 당선된 학생이 학생들의 적극적인 의견을 반영하는 '희망급식의 날'을 선거공약으로 수립하였다. 2015년부터 시작된 '희망급식의 날'은 아침맞이 시간이나 점심시간을 이용해서 설문조사, 스티커 붙이기, 보고서 작성 등 방법으로 학생들이 희망하는 식단을 매달 식단작성 전에 실시하여 제안함으로써 실제 급식에 적용하는 시스템이다.

> '희망 급식의 날'은 학생들이 설문을 통해 가장 좋아하는 구성의 메뉴에 투표함으로써 이루어집니다. 급식을 다 먹고 나오는 길에 학생회 주도로 스티커 투표로 진행되어 일반 설문조사에 비해 학생들의 참여도가 높았습니다. 대부분 학생은 '급식'이 '어쩔 수 없이 먹는 밥'이라는 인식을 가지고 있을 것으로 생각합니다. 저도 그중 일부였고요. 그래서 그런지 학생들이 급식 메뉴 선정에 직접 참여할 수 있는 기회가 주어진다는 것이 매우 좋습니다. 학생자치라는 것이 말로는 쉬워 보이지만 실제로 이를 실현한다는 것에는 여러 가지 제약이 따릅니다. 희망급식 조사가 학생들의 능동적 참여로 학교가 운영된다는 것을 보여 주는 좋은 사례였다고 생각합니다. 한 가지 아쉬웠던 점이 있었다면, 스티커 투표에서 같은 메뉴 구성이 반복된다는 점이었는데, 이를 개선하여 구성을 선택하는 것이 아니라, 구체적으로 특식 중 가장 마음에 드는 음식, 반찬 중 가장 맛있었던 음식 등으로 투표 내용을 세분화 하면 좋겠다는 생각이 들었습니다.
>
> – 성남 U 고등학교 2학년 학생자치회 임원

학생자치회를 통해 희망식단을 조사해보니 라면, 아이스크림, 치킨, 초밥, 케이크 등 학교급식에 적합하지 않거나 엽떡, 떡튀순, 회오리감자, 소떡소떡 등 대중매체에서 이슈화되는 식단이 대부분이었습니다. 학교급식의 목적과 학생의 요구와의 괴리를 느끼고 건강한 희망급식 운영 방안을 고민하다가 전제 조건을 제시하였습니다. 첫째, 영양적으로 우수하고 위생적으로 안전한 식품을 사용하며 고열량, 저영양 식단 가급적 제외. 둘째, 원재료 확인이 불가하거나 여러 가지 식품첨가물이 들어간 인스턴트, 가공 식품 가급적 배제 셋째, 단체급식 조리 과정을 고려하여 지나치게 복잡하지 않을 것. 넷째. 가급적 우리나라에서 생산되고 제철 식품인 것. 이와 같이 영양, 위생, 식품의 안전성을 고려한 희망급식을 제시하였습니다. 학생들도 기존의 맛과 기호성만이 아닌 영양적으로 우수하고 안전한 식재료 선택에 관해 생각하기 시작했고, 영양교육 시간에 배운 내용, 매일 만나고 경험하는 학교급식 식단을 떠올리며 영양적으로 우수한 식품, 직접 조리한 식품, 제철 과일을 희망급식으로 요구하기 시작했습니다.

– 광주 B 초등학교 영양교사

최근 학부모나 학생들이 건강하고 기호성이 떨어지는 식단보다는 비록 건강하지 않더라도 맛과 기호성을 고려한 식단을 공공연하게 요구하고 있다. 학생들의 입시와 맞물린 '길밥'[14]과 '혼밥'은 자연스럽게 인

---

14 길거리에서 먹는 밥, 한시라도 허비하지 않도록, 앉아서 여유롭게 꼭꼭 씹는 대신 이동하며 허겁지겁 배를 채우는 밥(시사IN, 〈사교육 1번지 대치동 아이들의 '길밥보고서'〉).

스턴트 가공식품, 간편식에 익숙해지게 했다. 위 사례에서 학생자치회 활동으로 시작한 '희망급식'의 '희망' 방향이 실행하면서 점차 건강하게 개선되는 모습을 보여 주고 있다. 물론 담당자의 역량과 학교급식에 대한 교육공동체의 신뢰가 바탕이 되어야 할 것이다.

4) 키우기 넷: 학생·마을·교사가 함께 만드는 '영양·식생활교육 체험전'

어떤 음식이 맛있다고 느끼는 건 사람마다 다르다. '맛'이란 문화와 자연환경, 그리고 유전적으로 결정되며, 우리가 언제 어디에서 먹을지도 문화적으로 결정되기 때문에 맛이란 교육에 의해 만들어지는 것이라고 말할 수 있다.[15] 학생들의 육류와 고카페인 음료의 과다 섭취, 단순당이 첨가된 과자 등에 기호도가 집중된 맛을 개선하기 위해 본교 교육과정인 〈365 참(CHARM) 인성, 진로, 학력 UP!〉 프로젝트의 일환으로 학생자치회의 캠페인과 체험활동이 어우러진 프로그램으로 구성하였다. 고등학교 특성상 학급별 교과로 편성이 어려워 창의적 체험 활동 중 안전교육의 영역으로 '영양·식생활 안전교육'으로 교육과정을 편성하였고, 5~6교시 체육관에 체험부스를 만들어 진행하였다.

체험전 기획단계에서는 체육급식부원들과 학년별 체험 순서, 체험 동선, 틈새 시간의 동영상 시청 시간 등을 함께 구상하였다. 체험전 당일에는 학생자치회 임원들은 4개의 부스 운영에 마을교사[16]와 함께 팀을 이루어 체험전에 참여한 학생들에게 쌀의 도정 과정, 오미자 퀴즈 내

---

15 린다 시바텔로 지음, 최정희·이영미·김소영 옮김(2017). 인류역사에 담긴 음식 문화 이야기. 서울: 도서출판 린.
16 '행복한 밥상 고등식단 연구회'의 연구위원, 경기도 식생활교육 네트워크.

기, 인절미 만들기, 껍질째 아삭채소 먹기 코너를 함께 진행하고 반별 체험 안내와 질서유지를 도우미 역할도 나누어 담당하였다.

> 바른 식생활 체험교육은 영양교사인 저에게도 특별한 체험전이었습니다. 지금은 낯선 떡메 치는 소리와 모습, 전통의 맛인 오미자차를 참 좋아했던 학생들과 교직원, 환경을 생각해 텀블러를 지참한 학생들 모습이 아직도 기억에 남습니다.
> 학생들이 직접 체험해보고, 느껴보는 체험의 장이었는데 특히 학생자치회와 함께하여 학생들이 각 부스에서 어우러져 함께 배우고 익히는 점에서 더욱 돋보였습니다. 행사를 진행할 때 스태프로만 진행하는 것이 수월할 법도 한데 학생자치회 학생들이 행사에 참여하고 진행하여 스스로 학습하고 익혀 실천하는 모습이 기억에 남습니다. 고등학생들은 대입이라는 큰 문앞에서 입시 이외의 다른 활동의 기회가 제한되는데 이 또한 어른들의 편견일 수도 있다는 생각이 들었습니다. 공부에 집중해야 하는 고등학생들에게 학교 체육관에서의 체험은 잠시 한숨 돌릴 수 있는 힐링타임이 되었기를 바랍니다. 이번 체험으로 인해 음식물 쓰레기 줄이기, 텀블러 지참 등 생태환경에 대해 생각해보고 실생활에서 실천해보는 기회를 제공했다는 점과 학생들이 행사 운영의 주체가 되어 진행되는 점이 특히 인상 깊었습니다. 향후 건강한 먹거리, 음식에 대한 감사한 마음, 생태환경에 대한 소중함, 지역주민과 소통하는 체험, 학생들이 진행에 참여하여 함께 배우고 익히는 이러한 기회가 지속적으로 이어졌으면 좋겠습니다.
>
> — 광주 K 중학교 영양교사

체험전을 기획할 수 있었던 것은 6개월 동안 교과연구회 연구위원들이 학생자치회와 함께 실행하는 프로그램을 만들기 위해 공동연구하고, 지역사회와 함께 네트워크 한 결과였다. 부스를 통한 활동적 배움은 식생활이나 식품에 대한 사고를 확장하고, 학교와 마을, 학생회가 어우러진 협동적 배움을 통해 더불어 살아가는 민주시민으로서의 경험을 제공한 것을 인터뷰를 통해 알 수 있다.

가을: 학생과 마을이 함께 물들다 '건강한 학교급식 문화'

1) 문화1: 지속가능한 건강한 지구 만들기 프로젝트 Ⅰ
(음식물쓰레기 줄이기 캠페인)

우리나라의 음식물쓰레기 발생량은 1일 1만 4천 톤, 이를 처리하기 위해 연간 소모되는 비용은 8천억 원, 경제적 손실은 20조 원 이상이라고 한다.[17] 하루에 급식을 제공받는 학생들의 수가 2019년 2월, 전체 초·중등학교 11,818개 교(100%)에서 학생 561만 명으로[18] 학교급식에서 음식물쓰레기 감소를 위한 노력은 학교급식뿐만 아니라, 국가 전체 음식물쓰레기를 줄이고 지속 가능한 경제적, 환경적 손실을 방지하기 위해 그 중요성이 강조되고 있다.

우리 학교에서도 학생자치회의 체육급식부 활동계획 중 가장 공을

---

17   서울시보건진흥원(2019). 음식물쓰레기 줄이기 매뉴얼.
18   교육부(2020). 학생건강증진 정책방향.

들이는 활동이며 전 학년 전 학급이 참여하는 캠페인으로 '건강한 지구, 학교급식 문화 만들기' 주간으로 2학기 개학 직후 일주일 동안 캠페인을 운영하였다.

학생자치회에서는 운영 시기, 잔반 인정 기준(나트륨 섭취를 제한하기 위해 국의 국물 양은 잔반으로 보지 않음), 잔반 그래프, 홍보 판넬, 각반 안내 자료, 잔반 양 측정 등 계획을 학급과 연계하여(학급 체육급식부원, 학생자치회 대의원회) 계획하였다. 학생자치회 대의원 SNS망을 통해 지속적으로 상황을 알리고 우수 반 선정 기준, 시상품, 시상까지 학생자치회에서 주도하였다.

사실 학교생활의 많은 부분 중 '급식'이라는 것은 학생들이 주도적으로 이끌어 나가는 모습을 찾기 힘들고, 그런 모습을 상상하기조차 어려웠습니다. 저 또한 이제까지는 학교의 영양선생님께서 짜주시는 식단을 당연하게 받아들였고, 단순한 '밥'이라고 여겼습니다. 2019년 한 해 동안 학생자치회는 영양선생님과 함께 올바른 식생활 문화를 알리고 학생들의 건강을 지키기 위한 캠페인을 직접 기획, 구성하고, 진행하였습니다. 저는 학생회 일원으로서 캠페인을 지원하고, 각종 설문조사에 참여하고, 옆에서 지켜보면서 우리 학교급식에 관련된 여러 가지 활동들이 얼마나 학생 주도적이고, 영양선생님과 소통하며 이루어지고 있는지 크게 느낄 수 있었습니다. 또한, 이런 조사와 캠페인을 통한 결과도 뚜렷이 나타났습니다. 가장 기억에 남았던 것은 '잔반처리 캠페인'이었습니다. 급식을 먹을 만큼만 받고, 다 먹은 학생들에게 스티커를 주어, 가장 많은 스티커를 모은 학급에 간식 선물을 주는

것이었습니다. 사실 '이런 작은 움직임이 학생들을 변화시킬 수 있을
까?' 하는 의문이 들기도 했습니다. 하지만 이 캠페인의 결과로 먹을
만큼만 받는 학생들이 많이 늘었고, 그만큼 음식의 양도 알맞게 조절
할 수 있어, 많은 양의 잔반이 줄어들었다는 소식에 정말 놀랐습니다.
이렇게 작은 캠페인들을 하나씩 진행하면서, 학교급식 문화도 학생들
이 스스로 주도할 수 있고, 이를 통해 학생들이 만족할 수 있는 급식
문화가 자리잡을 수 있다는 것을 느꼈습니다.

– 성남 U 고등학교 학생자치회 임원

　　잔반이 발생하는 이유는 식단구성, 전처리 여부, 조리, 배식, 처리
방법 등 급식 운영 단계별로 다양하다. 본교에서 2019학년도 실시한 음
식물쓰레기 발생 요인에 대한 설문조사에서 학생들은 습관적인 행동
58.5%, 편식하는 식품 18.6%로 답하여 음식물쓰레기 발생의 주요 원
인을 외부적인 요인보다 본인의 행동이나 편식이 고쳐져야 한다고 생
각하는 것을 알 수 있었다.

　　이러한 일주일간의 캠페인이 학생들의 행동과 식습관을 모두 변화
시킬 수 없지만 학생들이 주도적으로 캠페인을 진행하면서, 학교급식
문화도 학생들이 스스로 만들고 주도하는 것임을 알 수 있을 것이다. 학
교급식 단계별 발생을 최소화할 수 있도록 과학적인 발생원인 분석에
따른 최소화 방안 연구와 이에 따른 학교급별 교육과정과 연계한 다양
한 교육방안들이 마련되어야 한다.

2) 문화2: 지속 가능한 건강한 지구만들기 프로젝트 Ⅱ (일회용품 사용 줄이기)

통계청에 따르면 2016년 우리나라 사람들의 연간 플라스틱 소비량은 98.2kg으로 미국(97.7kg)을 제치고 세계 1위를 차지했다. 일회용품 대부분이 플라스틱으로 만들어지는 만큼 사용량을 줄여야 한다는 시각이 많다. 학생들이 학교생활에서 일상생활의 편리함을 위해 일회용품 사용이 갈수록 증가하고 있어 '건강한 지구 학교급식 문화만들기' 프로젝트로 캠페인을 진행하였다.

음식물쓰레기 줄이기 캠페인과 같이 기획부터 홍보, 진행, 예산구성까지 학생자치회 임원과 체육급식부 학생들이 고민을 녹여내도록 불필요한 개입은 하지 않았다. 다만 학생자치회의 고민과 머뭇거리는 지점을 섬세하게 관찰하여 지속적인 질문을 통해 함께 방법을 찾아가면서 배우도록 안내자의 역할을 하였다. 캠페인은 틈새(점심 식사 후)시간, 틈새(식당 앞) 공간을 활용하였다.

> 우리 학교는 학교의 급식문화를 학생이 주도적으로 기획합니다. 2019년 한 해 동안 학생자치회 임원으로서 영양선생님의 도움을 받아 희망급식 조사, 잔반 처리 캠페인, 일회용품 줄이기 캠페인을 통해 운중고등학교 학생들의 건강한 급식문화를 이끌어 나갔습니다. 특히 '일회용품 줄이기 캠페인'을 통해 가장 느낀 바가 많았습니다. 영양선생님의 도움을 받아 예산구성부터 캠페인 마무리까지 학생자치회가 주도적으로 기획하고 진행해나갔기 때문입니다. 일회용품을 줄이기 위해 우리의 노력엔 무엇이 있는지, 일회용품의 과다사용은 환경에 얼마는 큰 피해를 끼칠 수 있는지를 묻는 퀴즈들을 구성하여 학생들에게 일회

용품 사용에 대해 경각심을 불러일으켰습니다. 퀴즈는 우리 주변에서 할 수 있는 사소한 실천의 문제였는데 생각보다 정답에 확신을 가지고 대답하는 학생들이 적어 안타까웠습니다. 더불어 퀴즈의 상품으로 일회용품을 줄이기 위해 보온병, 스텐 빨대, 에코백과 같은 친환경 제품들을 나누어줌으로써 학생들이 캠페인이 더욱 기억에 남게 했습니다. 그러나 상품들을 제대로 활용하여 일회용품 줄이기에 동참하고 있는지 확인할 수 없었고, 급식 시간에 자신의 텀블러를 가지고 오는 학생은 거의 없었습니다. 캠페인을 하며 학생들에게 일회용품 사용에 대한 경각심을 일깨워주어 뜻깊었다고 생각하였지만, 다음번에는 현재의 문제점을 보완하여 더욱 발전한 모습을 보여야겠다고 다짐했습니다.

– 성남 U 고등학교 학생자치회 임원

학생회 중심으로 주제를 선정하고 계획서를 작성하여 학생이 참여하는 교육과정과 학생자치를 위한 실천적인 모습이 인상 깊었습니다. 학생의 자발적인 노력과 기획을 바탕으로 영양교사와 함께 캠페인 활동을 진행하였습니다. 일회용품 줄이기와 관련된 환경문제를 경고하는 실제 사진 및 관련 내용을 전시하고 플라스틱 사용, 일회용품의 사용에 따른 환경문제를 알리고 경고하는 내용을 게시하였습니다. 일회용품을 줄일 때 나타나는 환경 변화를 알려주는 내용을 직관적으로 비교할 수 있는 내용을 함께 전시하면 더 많은 학생의 시선을 집중시킬 수 있을 것입니다. 지속가능한 캠페인을 위하여 교과 교육과정과 연계하여 플라스틱 컵 등을 재활용할 수 있는 '아이디어 제안 발표회'나 '우리 지구에 엽서 쓰기'와 같은 활동이 수업과 함께 융합하여 이루어

지면 더 좋겠습니다. 학생들의 의견을 함께 공유하고 참여하지 않은 학생들과 교사 모두 함께 참여해도 좋을 것 같습니다.

- 성남 U 고등학교 세계지리 담당교사

캠페인의 한계는 지속 가능하지 않다는 것이다. 캠페인 이후에도 닭장각구이와 같이 수저, 젓가락 사용만으로 먹기가 불편한 음식을 먹을 때 불편하다는 이유로 일회용 장갑을 요구하거나 배식 전부터 냅킨을 많이 뽑아 사용하는 양이 증가하기도 했다. 학생들의 환경에 대한 문제를 인식하고 지속적으로 행동으로 실천하기 위해서는 지구의 주인은 바로 학생 자신이라는 것을 인식하는 것이 중요하다. 이를 위해 교과나 민주시민교육 등 교육과정에 녹여내고 학생이 주도적으로 문화를 만들어가는 활동이 꼭 필요하다.

겨울: 교육과정과 함께 하는 학교급식 틈틈이 교육

1) 축제: 학교축제와 급식이 만나는 곳 학생자치회

해마다 외국어 축제가 10월 넷째 주나 11월 첫째 주에 이루어진다. 외국어 축제는 영미 문화권의 할로윈에 맞추어 외국어 문화를 탐구하고 체험해보는 행사로 영어과, 일본어과, 중국어과 교사들이 한 주간 문화수업을 실시한다. 학생들은 외국어 축제 기간에 각 나라의 문화와 풍속, 음식과 의복, 전통놀이를 수업시간을 통해 체험하는 뜻깊은 행사이다.

학교교육과정과 연계하여 외국어 축제기간 5일 동안 5개국의 전통 음식(일본, 중국, 이탈리아, 인도, 한국)을 학생자치회에서 '희망급식의 날'조사 방법과 동일하게 조사하여 제안한 음식 중 선정하여 조리실무사님들과 조리 가능한 음식으로 개발하여 구성하였다.

학교생활을 하면서 학생들은 다양한 종류의 음식을 접하기 힘든 것이 사실입니다. 따로 시간을 내서 음식을 먹으러 가거나 하는 일보다는 주변에 쉽게 손이 가는 분식을 자주 찾기 마련입니다. 이런 학생들에게 있어 '다문화 음식 주간'은 단비 같은 존재라고 생각합니다. 한 주에 걸쳐 이탈리아 음식, 인도 음식, 중국 음식, 일본 음식 등을 다양하게 경험해볼 수 있는 주간이 다문화 음식 주간입니다. 저를 포함해 제 주변 친구들 모두 이 기간에는 특히 그날의 급식에 대해 관심을 가지고 신나 했던 기억이 납니다. 학생들에게 급식이 주는 활력과 힘은 어른들이 생각하는 것보다 굉장히 큽니다. 너무 피곤하고 힘들어서 학교 수업에 집중하기 어려운 날에도 급식을 생각하면 피곤함이 금세 잊힐 정도 입니다. 저는 동아리 활동의 일원으로 다문화 가정의 아이들을 대상으로 멘토링 활동을 한 적이 있었는데, 다문화 음식의 날을 통해 학교에서 미리 다문화 음식을 먹어본 것이 좋은 경험이 되었던 것 같습니다.

– 성남 U 고등학교 2학년 학생

인문사회부장을 4년째 맡아서 외국어 축제를 진행했습니다. 영양선생님이 외국어 축제 기간에 맞추어 '세계 음식문화 주간'으로 설정하여 교육과정과 연관된 나라의 대표 음식으로 학생자치회와 논의하여 구성하여 운영하는 것을 먼저 제안해 주셨습니다. 부서 행사에 관심을 가져주시고 협업을 제안해주신 것이 너무나 고마웠고 그 덕에 외국어 축제 기간의 분위기가 더욱 살아났던 것 같습니다.

학생들의 큰 호응을 얻은 것은 말할 것 없고, 다른 교과 선생님도 식단과 음식 소개에 대한 안내문을 보며 행사가 진행되는 것에 알게 되어 관심을 더욱 환기할 수 있었습니다. 한 주간 이탈리아·일본·중국 테마 등 매일 다른 맛있는 특식을 먹게 되어 학생들의 만족도도 높았던 것은 말할 것 없습니다. 이 문화를 체험하는 외국어 축제 본연의 목적을 달성하는데 이러한 협업이 큰 시너지를 내어 지난 4년 중 가장 본연의 목적에 충실한 행사가 되지 않았나 싶어 행사를 기획한 사람으로서도 만족도가 높았습니다.

– 성남 U 고등학교 인문사회 부장교사

학교 축제는 학생들이 1년 동안 활동한 동아리 내용을 발표하는 장으로 학생들의 진로·진학과 관련된 다양한 꿈들이 함께 모이는 축제의 날이다. 올해는 봉사동아리이자 지역사회에서는 사회참여 동아리인 '기쁨해'를 맡아 학생자치회에서도 진행된 일회용품 사용줄이기 캠페인과 연계하여 축제 부스를 운영하였다.

동아리 발표회 당일에는 일회용품 줄이기 행사의 일환으로 분리수거에 대한 사람들의 인식 정도를 확인하기 위해 농구 골대를 활용하여 다양한 종류의 쓰레기 사진이 붙여진 공을 던져 넣는 게임을 진행하였습니다. 이를 통해 학생들이 올바르게 분리수거를 하고 있는지 확인하고, 분리수거에 대해 잘 몰랐던 학생들에게는 올바른 일회용품 처리 방법에 대해 소개하기도 했습니다. 이와 더불어 학생들이 '환경 보호'를 지속적으로 생각하고 실천할 수 있도록, 게임에 참여한 학생들에게 '마리모'라는 식물(이끼류)을 제공하였습니다. 마리모를 받고 좋아하는 학생들을 보고 학생들이 환경 보호를 등한시하는 데에는 '자연'이라는 단어가 주는 딱딱함 때문이라는 생각과 학생들이 환경문제에 경각심을 가지도록 하기 위해서는 흥미 요소를 겸비한 환경 관련 활동에 학생들을 많이 노출 시키는 것이 중요하다고 생각했습니다.

– 성남 U 고등학교 사회참여동아리 회장

2) 소통: 학생대의원회의 '체인지메이커' 급식소통의 날

학교급식 관여도(leavel of innolvement)가 학교급식 만족도와 유의한 상관관계가 있으며, 영양교육을 통해 학교급식 관여도를 증진 시키면 학교급식 만족도를 향상 할 수 있다.[19] 체육급식부 활동은 학생들이 학교급식의 주인임을 인식하고 자율적으로 급식 운영을 체계화하고 만족도를 높이는 데 긍정적 영향을 주었다. 정기 학생대의원회의에서 학급에서 제기되는 학교급식의 여러 가지 제안사항을 함께 고민하고 해결방안을 모색하였다. 때로는 학생들의 의견이 팽배하거나 설명이 필요할 때는 대의원회의에 참여하여 학생들의 의견을 듣기도 한다. 한 예로 학생들의 새치기가 빈번해지자 학생자치회에서는 급식지도 교사 이외에

---

19   명지대학교 산학협력단 경기도교육청(2015. 12. 21. 이영미 외 7인).

관리·감독하는 선생님을 더 배정하여 감시하자는 의견이 있었다. 기획회의[20]에서는 시간이 걸리더라도 학생자치회에서 스스로 방안을 찾아가도록 학년도 시작 전 논의의 시간을 갖도록 했다. 오랜 시간 토론을 통해 학년별로 배식 시간을 달리하고 남학생과 여학생 각각 따로 서던 줄을 학년교차로 섞어서 서는 방법으로 바꾸는 방안을 도출했다. 또한 학생자치회에서는 변경 방안에 대해 취지를 안내하여 스스로 자정 능력을 키워가는 경험을 만들었다.

학생들이 스스로 문제를 이해하고, 해결방안을 고민하고, 함께 실천하는 과정에서 자발적으로 변화를 만드는 체인지메이커가 되어가는 경험을 할 수 있었을 것이다.

> *교육급식이란 소통과 나눔이라고 생각합니다. 급식과 교육급식의 차이는 학생들과의 상호작용이 있느냐 하는 것이죠. 일방적으로 받는 급식에서 학생이 주체적으로 급식을 기다리면서 질서를 지키려는 책임감, 급식받은 것을 정리하려는 노력, 그냥 먹는 것이 아니라 무엇을 먹었는지, 어떤 것을 먹어야 하는지, 어떤 것을 먹고 싶은지 알아가는 과정, 그리고 만든 분들께 대한 감사함 이런 모든 것이 상호작용되는 것이라고 생각합니다. 그래야 급식을 더 맛있게 먹을 수 있다고 생각합니다.*
>
> *— 2018년 교육급식 정책 공감 협의회, 본교 8대 학생회장 발표내용*

---

20 주 1회 실시되는 부장단 회의(건강영양부장으로 기획회의에 참여함).

학교급식이 단체급식의 한 형태로서의 한계를 넘어 배움이 있는 밥상, 학생이 스스로 배움을 찾을 수 있는 밥상으로 변화되어야 한다. 그러려면 학생들과 끊임없는 상호작용을 통해 스스로 자신의 식생활을 판단하고 실천할 의지와 힘을 가질 수 있도록 해야 한다.

새로움이란 늘 낯설고 불편하다. 학생이 교복을 입은 시민, 학교의 주인, 배움 밥상의 주인이라는 인식은 이제 낯설고 불편한 것이 아니라 인간의 존엄이 인정되는 학교라는 공간에서 가장 먼저 실현해야 할 가치이자 방향이 될 것이다.

참고문헌

* 린다 시바텔로 지음, 최정희·이영미·김소영 옮김(2017). 인류역사에 담긴 음식 문화 이야기. 서울: 도서출판 린.

* 경기교육연구원(2014). 경기도 학교급식 만족도 향상을 위한 영향요인 분석과 개선방안 연구.

* 명지대학교 산학협력단·경기도교육청(2015). 학생의 행복지수 향상을 위한 교육적 관점에서의 교육급식의 역할 연구.

* 경기도교육청(2019). 학교급식기본방향.

* 구연희(2009). 영양교사 제도의 바람직한 정착을 위한 직무수행도 및 직무 만족도 분석 연구, 연세대학교 석사논문.

* 성지연(2017). 자율배식 밥 한끼를 넘어선 자율의 의미. 뉴트리앤, 서울: 엣지피앤디

* 김민태(2017). 학생의 자유의지를 존중한 급식이 민주시민 교육의 시작. 뉴트리앤, 서울: 엣지피앤디

* 정지미·김기연(2019). "카페테리아형 '학교급식' 기회일까 함정일까". 대한급식신문.

* 변진경·나경희(2020). "사교육 1번지 대치동 아이들의 '길밥보고서'", 시사IN.

* 서울시보건진흥원(2019). '음식물쓰레기 줄이기' 매뉴얼.

* 교육부(2020). 학생건강중진정책방향.

나가는 글

왜 우리는 지금 학생자치를 말하는가? 학생들이 함께 학교문화를 만들어가고 교육과정의 주체로 참여할 수 있도록 조력해야 하는 근본적 이유는 무엇일까? 가르치는 자와 배우는 자의 역할을 애써 나누고 규정짓지 않으며 교사와 학생의 가르침과 배움이 정교히 뒤섞여 학생이 배움의 주체로 설 수 있도록 애쓰고 있는 이유는 무엇인가? 학교자치는 학생자치와 어떤 상관성을 지니고 있는가? 학생자치를 통하여 우리 학생들의 삶은 어떻게 변화될 수 있는가? 이러한 질문들에 대한 독자들 나름의 방향성을 찾아 나가는 데 이 책이 조금이나마 도움이 되었으면 하는 바람이다.

학생들이 '만 18세 선거권'이라는 소중한 권리를 갖게 되고, 학생주권을 마음껏 펼쳐갈 수 있기 위한 교육적, 제도적 발걸음을 내디디고 있는 이 시점에서 학생자치에 대한 논의와 고민, 그리고 실천은 그 어느 때보다 중요한 의미를 지니고 있다. 학생의 자율성과 주체성을 존중함으로써 삶의 의미와 행복을 스스로 찾도록 조력하는 것이 교육의 역할이라고 볼 때, 학생들이 함께 학교문화를 세워나가고 교육과정의 주인이 되며, 더 나아가 사회 참여와 실천의 길로 나아가는 것이 학생자치가 앞으로 지향해야 할 방향이다. 학생자치라는 것은 어느 한순간의 장면이나 결과가 아니라 학교의 외현적, 잠재적 교육과정 속에서 끊임없이 발현되어야만 하는 과정이자 학생의 삶 그 자체인 것이다.

핀란드는 2012년부터 시작한 교육과정 개정작업에서 13~16세를 대상으로 한 설문을 통해 학교문화와 교육내용에 대한 학생들의 다양한 의견을 조사하여 반영하였다. 학생들의 교육과정 주권을 철저히 존중한 셈이다. 현재 핀란드에서는 학교교육과정의 구현에 있어서도 학생들이 계획 및 실행, 그리고 평가의 과정에까지 참여한다. 학생주권이 실현될 수 있는 제도적 기반이 구축되어 있다.

바야흐로 학생주권을 간절히 꿈꾸고 열어가야 하는 시대이다. 우리 학생들이 장차 교복을 벗고 시민사회로 나아가 진정한 시민의 역할을 제대로 감당해 내기 위해 학교에서부터 주체적 삶을 끊임없이 연습해야만 할 때인 것이다. 좀 더 아름다운 세상을 위해 먼저 실천하고, 함께 연대하기 위해 학교에서부터 선택에 따른 결과를 경험하며 삶의 방향과 가치를 함께 고민할 수 있어야 한다. 개인의 평안한 삶만을 추구하는 것이 아니라 사회·정치적 현안에 관심을 가지고 자신의 목소리를 낼 수 있는 민주시민으로서의 삶, 자신이 가진 사회적 권리를 소중히 행사하고 실천적 의무를 다하는 삶을 학교에서부터 살아내야만 하는 것이다.

독일, 미국, 호주, 캐나다 등에서는 학생들이 사회적 현안에 관심을 가지고 실천과 참여의 삶을 살 수 있도록 다양한 범주의 시민교육과 함께 정치적 참여의식을 신장하기 위한 모의선거 등의 선거교육 프로그램도 운영하고 있다. 반면 우리나라에서는 개정 선거법이 2019년 12월 27일 국회 본회의를 통과한 이후 만 18세 선거권을 기반으로 제도적으로 더 안착하여야 할 선거교육이 오히려 공교육에서는 교사의 정치적 중립성을 이유로 그 교육적 발걸음을 내딛지 못하는 상황에 이르렀다.

교사의 정치기본권이 보장되어 있지 않은 상황에서 학생자치가 궁극적으로 나아가야 할 방향인 사회·정치적 현안에 대한 학생들의 관심 및 참여를 교사가 이끌어가기는 쉽지 않은 것이 현실이다. 하지만 결핍의 상황에서 오히려 더 아름다운 결실이 맺어지는 것을 우리는 끊임없이 보아왔다. 지금 이 순간 학교 내에서 혹은 학교 밖에서 자신들의 목소리를 낼 기회의 장을 학생들에게 끊임없이 제공해야만 한다. 학생의 삶을 존중하는 수많은 교사의 작은 움직임에서 시작되는 학생자치의 실현을 통해 학생주권의 시대가 환하게 열리리라 믿어 의심치 않는다. 학생들이 자신의 자치력을 기반으로 삶을 스스로 성찰하며 주체로서의 정체성을 경험할 때 학생자치는 학교에 아름답게 뿌리내릴 수 있을 것이다.

나가는 글

서울특별시교육청 학생자치활동 지원 조례

[시행 2019. 1. 3.] [서울특별시조례 제6947호, 2019. 1. 3., 제정]

서울특별시교육청(민주시민생활교육과)

제1조(목적) 이 조례는 「초·중등교육법」제17조 및 같은 법 시행령 제30조에 따라 학생자치활동을 지원하기 위하여 필요한 사항을 규정함을 목적으로 한다.

제2조(정의) 이 조례에서 "학생자치활동"이란 학생이 주체가 되어 운영하는 집단 활동으로 학급회, 동아리 등 특정 유형에 한정되지 않고 학생 스스로 학교 내·외의 학생자치기구를 통해 사회성과 협동심을 고양하고 민주시민의 기본 자질과 태도를 함양할 수 있는 모든 활동을 말한다.

제3조(책무) ① 서울특별시교육감(이하 "교육감"이라 한다)은 학생자치활동을 활성화하기 위한 기반 조성과 체계적인 교육 등을 위해 행·재정적 지원에 노력하여야 한다.

② 교육감은 학생자치활동 운영 매뉴얼을 수립하고 우수운영사례를 발굴하여 각급 학교에 보급하여야 한다.

③ 학교의 설립자·경영자, 학교의 장과 교직원은 학생들의 자치활동 참여를 최대한 보장하여야 한다.

제4조(계획의 수립) ① 교육감은 학생자치활동의 효율적 지원을 위한 학생자치활동 활성화 지원계획(이하 "지원계획"이라 한다)을 매년 수립·시행하여야 한다.

② 지원계획에는 다음 각호의 사항이 포함되어야 한다.

1. 학생자치활동 지원을 위한 추진 방향
2. 학생자치활동 담당교사 지정 및 교원역량 제고 방안
3. 전년도 학생자치활동 운영 현황과 문제점, 개선 방안

4. 핵심 과제별 추진 로드맵

5. 그 밖에 교육감이 학생자치활동 지원을 위해 필요하다고 인정하는 사항

제5조(학생자치활동 지원위원회의 설치) 교육감은 학생자치활동의 효율적 지원을 위해 학생자치활동 지원위원회(이하 "지원위원회"라 한다)를 설치할 수 있다. 다만, 기존에 설치한 다른 위원회가 제6조의 기능을 담당하고 있는 경우에는 기존 위원회가 지원위원회를 대체할 수 있다.

제6조(지원위원회의 기능) 위원회는 다음 각호의 사항에 대하여 교육감에게 자문한다.

1. 제4조의 지원계획 수립·시행

2. 학생자치활동 활성화를 위한 프로그램 개발

3. 학생자치활동 운영 성과와 과제

4. 학생자치활동의 학교 교육과정 및 지역사회와의 연계

5. 그 밖에 학생자치활동 지원과 관련하여 교육감이 필요하다고 인정하는 사항

제7조(지원위원회의 구성) ① 지원위원회는 위원장 1명을 포함한 10명 이내의 위원으로 구성한다.

② 위원장과 부위원장은 위원 중에서 호선한다.

③ 위원은 다음 각호의 사람 중에서 교육감이 임명 또는 위촉한다.

1. 서울특별시의회가 추천하는 사람

2. 서울특별시교육청 학생자치활동 전담부서의 장

3. 학생자치활동 활성화에 기여한 학부모 및 교원

4. 학생자치활동과 관련하여 전문적인 지식과 식견을 갖춘 외부전문가

5. 그 밖에 교육감이 인정하는 사람

④ 위원의 임기는 2년으로 하며, 1회에 한하여 연임할 수 있다.

⑤ 지원위원회의 회의는 정기회와 임시회로 구분하며, 정기회는 연 2회 개최하고, 임시회는 교육감 또는 위원장이 필요하다고 인정하거나 재적위원 3분의 1 이상의 요구가 있는 경우 위원장이 소집한다.

⑥ 지원위원회의 회의는 위원 과반수의 출석으로 개의하고, 출석위원 과반수의

찬성으로 의결한다.

⑦ 교육감은 위촉위원의 경우 관련 규정이 정하는 바에 따라 예산의 범위에서 수당과 여비를 지급할 수 있다.

제8조(연수) ① 교육감은 학생자치활동 활성화를 위하여 담당교원 등을 대상으로 연수를 실시할 수 있다.

② 교육감은 학생자치활동 역량 강화를 위해 교직원, 학부모, 학생 등을 대상으로 교육부, 여성가족부 등 유관기관과 연계하여 교육을 실시할 수 있다.

제9조(표창) 교육감은 학생자치활동이 우수한 학교나 교원, 학생회나 동아리 등에게 표창을 수여할 수 있다.

제10조(시행규칙) 이 조례의 시행에 관하여 필요한 사항은 교육규칙으로 정한다.

부칙〈제6947호, 2019.1.3.〉
이 조례는 공포한 날부터 시행한다.

충청남도교육청 학생자치활동 지원에 관한 조례

[시행 2019. 9. 20.] [충청남도조례 제4585호, 2019. 9. 20., 제정]

충청남도교육청(민주시민교육과)

제1조(목적) 이 조례는 학생자치활동 지원에 관하여 필요한 사항을 규정함으로써 학생들이 자율적 참여와 소통을 통해 민주시민으로 성장할 수 있도록 지원함을 목적으로 한다.

제2조(정의) 이 조례에서 "학생자치활동"이란 학생이 주체가 되어 조직을 구성하고 학생 스스로 학교 내·외의 학생자치기구를 통해 교육활동과 의사결정에 주체적으로 참여하여 민주시민역량을 갖추도록 하는 모든 활동을 말한다.

제3조(교육감의 책무) ① 충청남도교육감(이하 "교육감"이라 한다)은 학생자치활동 활성화를 위한 시책을 수립·시행하는데 노력하여야 한다.

② 교육감은 학생자치활동 활성화를 위하여 필요한 행정적·재정적 지원을 할 수 있도록 노력하여야 한다.

제4조(계획의 수립 등) ① 교육감은 학생자치활동의 체계적이고 효율적인 지원을 위하여 학생자치활동 활성화 지원계획(이하 "지원계획"이라 한다)을 매년 수립·시행하여야 한다.

② 지원계획에는 다음 각호의 사항을 포함한다.

1. 기본방향 및 추진 목표

2. 제도개선

3. 학생자치활동 담당교사 지정 및 교원역량 제고 방안

4. 학생자치활동에 관한 행정적·재정적 지원

5. 학생자치활동 자료 개발 및 보급

6. 그 밖에 학생자치활동 지원을 위해 필요한 사항

제5조(위원회 설치 및 기능) ① 교육감은 학생자치활동의 효율적 지원을 위해 충청남도교육청 학생자치활동 지원위원회(이하"지원위원회"라 한다)를 설치 할 수 있다. 다만, 기본에 설치한 다른 위원회가 지원위원회의 기능을 담당하고 있는 경우에는 기존 위원회가 지원위원회를 대체할 수 있다.

② 지원위원회는 다음 각호의 사항에 대하여 교육감에게 자문한다.

1. 제4조의 지원계획 수립·시행

2. 학생자치활동 활성화를 위한 프로그램 개발 및 보급

3. 학생자치활동의 학교 교육과정 연계

4. 학생자치활동의 점검

5. 지역 유관기관, 단체 등과의 교류·협력

6. 그 밖에 교육감이 학생자치활동 지원과 관련하여 필요하다고 인정하는 사항

제6조(회의 및 운영) ① 지원위원회는 위원장 1명과 부위원장 1명을 포함하여 10명 이내의 위원으로 구성한다.

② 위원은 다음 각호의 어느 하나에 해당되는 사람 중에서 교육감이 임명 또는 위촉한다.

1. 충청남도의회가 추천하는 도의원

2. 충청남도교육청 학생자치활동 관련된 부서의 장

3. 학생자치활동 활성화에 이바지한 학부모 및 교원

4. 학생자치활동과 관련하여 학식과 경험이 풍부한 외부전문가

5. 그 밖에 교육감이 인정하는 사람

③ 위원의 임기는 2년으로 하며, 1회에 한하여 연임할 수 있다.

④ 회의는 정기회의와 임시회의로 구분하며, 정기회의는 연 2회 개최하는 것을 원칙으로 하고, 임시회의는 위원장이 필요하다고 인정하는 경우와 위원 3분의 1 이상의 소집 요구가 있을 경우에 위원장이 소집한다.

⑤ 지원위원회의 회의는 위원 과반수의 출석으로 개의하고, 출석위원 과반수의 찬성으로 의결한다.

⑥ 교육감은 위촉위원의 경우 관련 규정이 정하는 바에 따라 예산의 범위에서 수당과 여비를 지급할 수 있다.

제7조(연수) ① 교육감은 학생자치활동 활성화를 위하여 담당교사 등에 대한 직무연수를 실시할 수 있다.

② 학교의 장은 학생자치활동 담당 교사를 선정하여, 제1항에 따른 직무연수에 참여할 수 있도록 배려하여야 한다.

③ 교육감은 제1항 및 제2항에 따른 연수를 실시할 때 학생자치활동 역량 강화를 위해 교직원, 학부모, 학생 등을 대상으로 교육부, 여성가족부 등 유관기관과 연계한 교육을 실시할 수 있다.

제8조(시행규칙) 이 조례의 시행에 필요한 사항은 시행규칙으로 정한다.

부칙〈제4585호, 2019. 9. 20〉
이 조례는 공포한 날부터 시행한다.

부산광역시교육청 학생 자치 및 참여 활성화에 관한 조례

[시행 2020. 1. 8.] [부산광역시조례 제6073호, 2020. 1. 8., 제정]

부산광역시교육청(교육혁신과)

제1조(목적) 이 조례는 학생자치를 활성화하고 교육정책 수립 및 교육활동 과정에서 학생참여를 보장하는 데 필요한 사항을 규정함으로써 학생이 자주적·자율적인 활동을 통해 민주시민의 기본 자질과 태도를 기르고 참여와 실천으로 성숙한 민주시민으로 자라나는 데 이바지함을 목적으로 한다.

제2조(정의) 이 조례에서 사용하는 용어의 뜻은 다음과 같다.

1. "학교"란 「초·중등교육법」 제2조에 따른 학교를 말한다.

2. "학생"이란 제1호에 따른 학교에 재학 중인 사람을 말한다.

3. "학생자치"란 학생이 주체가 되어 교내외 관련 조직을 통해 학생과 관련한 학교생활을 스스로의 의사와 책임으로 운영하는 것을 말한다.

4. "학생자치기구"란 학생자치를 위하여 학생으로 구성된 학생회, 학급회 등 의사결정기구를 말한다.

5. "학생참여"란 부산광역시교육청 및 각급 학교가 추진하는 교육정책 수립 및 교육활동 과정에 학생의견을 수렴하고 반영하며, 이후 실행, 평가 등을 통해 학생의견 반영 실태 및 결과에 대한 모니터링이 보장되는 것을 말한다.

제3조(기본원칙) ① 학생은 학생자치기구 구성, 소집, 운영, 활동 등 학생자치활동을 할 권리를 가진다.

② 학생은 교육정책 수립 및 교육활동 과정에 참여하여 의견을 표명하고 실질적 참여를 위한 권한과 정보를 제공받을 권리를 가진다.

③ 학교의 장은 학교 규칙을 제정·개정할 경우 민주적이고 합리적인 절차로 학

생들의 의견을 수렴하여야 하며, 학생자치기구의 의견 제출권을 보장하여야 한다.

④ 학교의 장은 학생자치기구의 자율적인 운영과 집행을 보장하고, 필요한 시설 제공 등 행정적·재정적 지원을 하도록 노력하여야 한다.

⑤ 부산광역시교육감(이하 "교육감"이라 한다)과 학교의 장은 제8조에 따라 선정된 사업을 추진할 때에는 학생참여를 보장하여야 한다.

제4조(기본계획 수립·시행 등) ① 교육감은 학생자치 및 학생참여(이하 "학생 자치 및 참여"라 한다) 활성화를 위하여 5년마다 학생 자치 및 참여 활성화 기본계획(이하 "기본계획"이라 한다)을 수립·시행하여야 한다.

② 기본계획에는 다음 각호의 사항이 포함되어야 한다.

1. 학생 자치 및 참여 활성화의 목표·추진방향

2. 직전 기본계획의 성과 및 개선방안

3. 제5조에 따른 학생 자치 및 참여 활성화 사업

4. 학생 자치 및 참여 활성화를 위한 행정적·재정적 지원 방안

5. 그 밖에 교육감이 학생 자치 및 참여 활성화를 위하여 필요하다고 인정하는 사항

③ 교육감은 기본계획을 효율적으로 수립·추진하기 위하여 학생 자치 및 참여 현황 등에 대한 실태조사를 실시할 수 있다.

제5조(학생 자치 및 참여 활성화 사업) 교육감은 학생 자치 및 참여 활성화를 위하여 다음 각호의 사업을 할 수 있다.

1. 학생 자치 및 참여 기반 조성 사업

2. 학생 자치 및 참여에 대한 역량 강화 사업

3. 교원의 지도 역량 강화 및 인식개선 사업

4. 학생자치활동 프로그램 활성화 사업

5. 그 밖에 학생 자치 및 참여 활성화를 위하여 필요한 사업

제6조(학생회) ① 학교는 전체 학생을 구성원으로 하는 학생자치기구인 학생회를 둔다.

② 학생회는 다음 각호의 사항에 대하여 학생들의 의견을 수렴하고, 학교의 장 또는 「초·중등교육법」 제31조에 따라 설치된 학교운영위원회에 의견을 제시할 수 있다.

1. 학생자치와 학생생활에 관한 사항

2. 학교 운영에 관한 제안 및 건의 사항

3. 학생자치기구 지원에 관한 사항

4. 그 밖에 학교 규칙으로 정하는 사항

③ 교육감 및 학교의 장은 학생회 설립·운영에 필요한 공간과 예산을 지원할 수 있다.

④ 학생회는 회의에서 결정된 사항을 학생들에게 공개하여야 한다.

⑤ 교직원과 학부모는 학생회의 의사결정에 부당한 영향을 주는 행위를 하여서는 아니 된다.

제7조(학생의회) ① 교육감은 학생의 직접 참여를 보장하고 학생과 관련된 정책에 대한 학생의견을 수렴하기 위하여 부산광역시교육청 학생의회(이하 "학생의회"라 한다)를 구성·운영한다.

② 학생의회는 다음 각호의 사항에 대하여 교육감에게 의견을 제출할 수 있다.

1. 교육정책 및 교육사업 제안·개선에 관한 사항

2. 학생자치 역량 강화 및 프로그램 활성화에 관한 사항

3. 제8조에 따른 학생참여 대상사업 선정 · 추진에 관한 사항

4. 그 밖에 학생의회 목적 달성에 필요한 사항

③ 학생의회는 학교급·성별·지역·학교유형 등을 고려하여 학생들로 구성한다.

④ 교육감은 학생의회가 제출한 의견을 제9조에 따른 부산광역시교육청 학생자치 및 참여 지원위원회에 통보하고 시책에 적극 반영하도록 노력하여야 한다.

⑤ 그 밖에 학생의회의 구성·운영 등에 필요한 사항은 교육감이 따로 정한다.

제8조(학생참여 대상사업 선정·추진) ① 교육감은 다음 각호의 분야 중 학생참여가 보장되어야 하는 대상사업을 선정하여야 한다.

1. 교육과정 편성·운영

2. 교내외 다양한 교육활동 및 문화활동

3. 교육환경개선사업 등 학교시설사업

② 교육감 및 학교의 장은 제1항에 따라 선정된 사업을 추진할 경우 회의 및 설문조사, 공청회 등 다양한 방법을 통해 학생의견을 수렴하여 사업 추진에 반영할 수 있다.

③ 교육감 및 학교의 장은 제1항에 따라 선정된 사업이 종료된 후 학생의견 반영 결과를 부산광역시교육청 또는 학교 홈페이지 등을 통하여 공개하여야 한다.

제9조(학생 자치 및 참여 지원위원회) ① 교육감은 학생 자치 및 참여의 효율적인 지원을 위하여 부산광역시교육청 학생 자치 및 참여 지원위원회(이하 "위원회"라 한다)를 둔다. 다만, 기존에 설치한 다른 위원회가 유사한 기능을 담당하고 있는 경우에는 기존 위원회가 이를 대체할 수 있다.

② 위원회는 다음 각호의 사항에 대하여 교육감의 자문에 응하여야 한다.

1. 기본계획 수립·시행에 관한 사항

2. 학생의회의 의견 반영에 관한 사항

3. 제8조에 따른 학생참여 대상사업 선정·추진에 관한 사항

4. 그 밖에 학생 자치 및 참여 활성화를 위하여 교육감이 필요하다고 인정하는 사항

제10조(위원회의 구성 등) ① 위원회는 위원장 1명과 부위원장 1명을 포함하여 10명 이내의 위원으로 구성한다.

② 위원회의 위원장과 부위원장은 위원 중에서 호선하고, 위원은 관련 분야에 관한 전문적인 지식이 있거나 경험이 풍부한 사람 중에서 성별을 고려하여 교육감이 임명하거나 위촉한다.

③ 위촉위원의 임기는 2년으로 하며, 한 차례만 연임할 수 있다. 다만, 보궐위원의 임기는 전임위원 임기의 남은 기간으로 한다.

④ 위원회에 위원회의 사무를 처리할 간사 1명을 두며, 간사는 소관 업무를 담

당하는 장학관 또는 사무관이 된다.

제11조(위원장의 직무) ① 위원회의 위원장(이하 "위원장"이라 한다)은 위원회를 대표하고, 위원회의 업무를 총괄한다.

② 위원장이 부득이한 사유로 직무를 수행할 수 없을 때에는 부위원장이 그 직무를 대행하며, 위원장과 부위원장이 모두 부득이한 사유로 그 직무를 수행할 수 없을 때에는 위원장이 미리 지명한 위원이 그 직무를 대행한다.

제12조(회의) ① 위원장은 위원회의 회의를 소집하고, 그 의장이 된다.

② 위원회의 회의는 재적위원 과반수의 출석으로 개의하고, 출석위원 과반수의 찬성으로 의결한다.

제13조(의견청취 등) 위원회는 안건심의를 위하여 필요한 경우 관계 공무원 또는 전문가를 참석하게 하여 의견을 듣거나 필요한 자료의 제출을 요구할 수 있다.

제14조(수당 등) 위원회에 출석한 위촉위원, 전문가 및 관계인 등에게 예산의 범위에서 수당과 여비를 지급할 수 있다.

제15조(운영세칙) 이 조례에서 규정한 것 외에 위원회의 운영에 필요한 사항은 위원회의 의결을 거쳐 위원장이 정한다.

제16조(인식개선) ① 교육감은 학생 자치 및 참여에 대한 사회적 인식 개선을 위해 적극 노력하여야 한다.

② 교육감은 학생 자치 및 참여 문화 확산 및 인식 제고를 위하여 자료 제작 및 배포 등 다양한 방법을 통해 홍보하거나 발표대회 등을 개최할 수 있다.

제17조(지원) 교육감은 학생 자치 및 참여 활성화를 위한 각종 사업과 이를 수행하는 관련 기관·단체에 필요한 행정적·재정적 지원을 할 수 있다.

제18조(포상) 교육감은 학생 자치 및 참여 활성화에 이바지한 공적이 뛰어난 기관, 단체 및 개인 등을 「부산광역시 교육·학예에 관한 표창 조례」에 따라 포상할 수 있다.

부칙 〈제6073호, 2020. 1. 8. 〉
이 조례는 공포한 날부터 시행한다.

전라북도 학교자치 조례 (일부 발췌)

[시행 2019. 2. 1.] [전라북도조례 제4614호, 2019. 2. 1., 제정]

전라북도교육청(민주시민교육과)

제5조(학생회) ① 학생회에는 학년별, 학과별, 학급별 학생회 및 그 대표로 조직되는 대의원회 등을 둘 수 있다.

② 학생회 정·부회장은 학생의 대표로서 학교운영위원회와 교무회의에 참석하여 의견을 제안할 수 있다.

③ 학생회는 다음 각호의 사항을 심의한다.

1. 학생자치활동에 관한 사항

2. 학생자치활동 예산 편성에 관한 사항

3. 학생 동아리 활동에 관한 사항

4. 학생의 학교생활에 밀접하게 관련된 사항에 대하여 학생들의 의견 수렴 및 교무회의와 학교운영위원회에 제안할 사항

5. 학생회칙의 제·개정에 관한 사항

6. 그 밖에 학교의 장에게 건의할 사항

④ 학생회의 구성·운영 등에 관한 사항은 학생회칙으로 정한다.

⑤ 학생회는 그 결정사항을 모든 학생에게 알려야 한다.

⑥ 교직원과 학부모는 학생회의 의사결정에 부당한 영향을 주는 행위를 하여서는 아니 된다.

부칙〈제4614호, 2019. 2. 1〉
제1조(시행일) 이 조례는 공포한 날부터 시행한다.

제2조(경과규정) 이 조례 시행 당시 구성된 학생회, 학부모회, 교사회, 직원회, 교무회의는 이 조례에 따라 구성된 것으로 본다.

광주광역시 학교 자치에 관한 조례 (일부 발췌)

[시행 2019. 3. 1.] [광주광역시조례 제5149호, 2019. 1. 1., 제정]

광주광역시교육청(교육자치과)

제5조(학생회) ① 학교에는 전체 학생으로 구성하는 학생회를 둔다.

② 학생회에는 학년별·학과별·학급별 학생회와 각 학생회의 대표로 조직되는 대의원회 등을 둘 수 있다.

③ 학생회는 다음 각호의 사항을 협의한다.

1. 학생인권 및 복지, 자치활동 등 학생의 학교생활에 관한 제반 사항

2. 학생회칙 제정·개정에 관한 사항

3. 학생의 학교생활과 직접·간접적으로 관련된 학교규칙 제정·개정 등 학교운영위원회에 제출할 안건에 관한 사항

4. 학생회 예산 편성, 집행 및 결산에 관한 사항

5. 그 밖의 학교장 또는 학교자치회의에 부의할 사항

④ 학생회 운영에 관한 사항은 회칙으로 정한다.

⑤ 학생회는 결정사항을 지체 없이 전체 학생에게 공지하여야 한다.

⑥ 학생회의 임원은 민주적인 절차에 따라 구성한다.

⑦ 교직원 및 학부모는 학생회의 의사결정에 영향을 주는 부적절한 행위를 하여서는 아니 된다.

⑧ 학생회는 전교학생회의를 개최할 수 있으며, 필요한 경우 학교장과 간담회를 가질 수 있다.

부칙〈제5149호, 2018. 1. 1〉

제1조 (시행일) 이 조례는 2019년 3월 1일부터 시행한다.

제2조 (경과규정) 이 조례 시행 당시 구성된 학생회, 학부모회, 교직원회는 이 조례에 따라 구성된 것으로 본다.

경기도 학교자치 조례 (일부 발췌)

[시행 2019. 11. 11.] [경기도조례 제6403호, 2019. 11. 11., 제정]

경기도교육청(민주시민교육과)

제4조(학생회) ① 학교에는 학생회를 두고 학년별, 학과별, 학급별 학생회 및 그 대표로 조직되는 대의원회 등을 둘 수 있다.

② 학생회는 다음 각호의 사항을 협의한다.

1. 학생자치활동과 관련된 사항

2. 학교회계 예산편성에 대하여 제안할 사항

3. 학생 동아리 개설 및 지원 등 활동에 관한 사항

4. 학생의 학교생활에 밀접하게 관련된 사항에 대하여 학생들의 의견 수렴 및 학교운영위원회에 제안할 사항

5. 학생회칙의 제정·개정에 관한 사항

6. 그 밖에 학교의 장에게 건의할 사항

③ 학생회의 구성·운영 등에 관한 사항은 필요한 경우 회칙으로 정한다.

④ 학생회는 그 결정사항을 모든 학생에게 공지하여야 한다.

⑤ 학생회 지도교사 등 교직원은 학생회의 의사결정에 부당한 영향을 주는 행위를 하여서는 아니 된다.

부칙 〈제6403호, 2019. 11. 11〉
제1조(시행일) 이 조례는 공포한 날부터 시행한다.
제2조(경과조치) 이 조례 시행 당시 구성된 학생회, 학부모회, 교사회, 직원회, 교직원회는 이 조례에 따라 구성된 것으로 본다.

경기도 학생인권 조례 (일부 발췌)

[시행 2019. 8. 6.] [경기도조례 제6318호, 2019. 8. 6., 일부개정]

경기도교육청(학생생활인권과)

제6절 자치 및 참여의 권리

제17조(자치활동의 권리) ① 학생은 동아리, 학생회 및 학생자치 조직의 구성, 소집, 운영, 활동 등 자치적인 활동을 할 권리를 가진다. 〈개정 2019.8.6.〉

② 교장 등은 학생자치기구의 구성과 소집 및 운영 등 활동에서 자율과 독립을 보장하고 성적 등을 이유로 구성원 자격을 제한하여서는 아니 된다. 〈개정 2019.8.6.〉

제18조(학칙 등 학교 규정의 제·개정에 참여할 권리) ① 학생은 학칙 등 학교 규정의 제·개정에 참여할 권리를 가진다.

② 학교는 학생의 인권을 존중하여 학칙 등 학교 규정을 제·개정하고, 이를 학교 홈페이지에 게시하여야 한다.

③ 학교의 장은 학칙 등 학교 규정의 제·개정 과정에서 학생들의 의견을 수렴하여야 하며, 학생회 등 학생자치기구의 의견제출권을 보장해야 한다. 〈개정 2019.8.6.〉

제19조(정책결정에 참여할 권리) ① 학생은 학교 운영 및 교육청의 교육정책결정 과정에 참여할 권리를 가진다.

② 학생회 등 학생자치기구 및 학생들의 자발적 결사는 학생의 권리와 관련된 사항에 대한 의견을 밝힐 수 있는 권리를 가진다.

③ 교장 등은 학생대표와의 면담 등을 통하여 정기적으로 의견을 청취하도록

노력하여야 한다. 〈개정 2019.8.6.〉

④ 학생대표는 학생에 영향을 미치는 사안에 관하여 학교운영위원회에 참석하여 발언할 수 있다.

⑤ 교육감과 교장 등은 학생에게 영향을 미치는 사항을 결정할 때에는 학생의 참여를 보장하여야 한다. 〈개정 2019.8.6.〉

부칙〈제6318호, 2019.8.6.〉
이 조례는 공포한 날부터 시행한다.

서울특별시 학생인권 조례 (일부 발췌)

[시행 2020. 1. 9.] [서울특별시조례 제7436호, 2020. 1. 9., 타법개정]

서울특별시교육청(민주시민생활교육과)

제6절 자치 및 참여의 권리

제18조(자치활동의 권리) ① 학생은 동아리, 학생회 및 그 밖에 학생자치조직의 구성, 소집, 운영, 활동 등 자치적인 활동을 할 권리를 가진다.

② 학교의 장 및 교직원은 학생자치조직의 구성과 소집 및 운영 등 학생자치활동의 자율과 독립을 보장하고 학생자치활동에 필요한 행·재정적 지원을 하도록 노력하여야 한다.

③ 학교의 장 및 교직원은 성적, 징계기록 등을 이유로 학생자치조직의 구성원 자격을 제한하여서는 아니 되며, 학생자치조직의 대표는 보통, 평등, 직접, 비밀 선거에 의해 선출되어야 한다.

④ 학생자치조직은 다음 각호의 권리를 가진다.

1. 학생자치활동에 필요한 예산과 공간, 비품을 제공받을 권리

2. 학교 운영, 학교규칙 등에 대하여 의견을 개진할 권리

3. 학생자치조직이 주관하는 행사를 자유롭게 개최할 수 있는 권리

⑤ 학생회는 학생 대표 기구로서 다음 각호의 권리를 가진다.

1. 학생회에서 함께 일할 임원을 선출할 권리

2. 학생총회, 대의원회의를 비롯한 각종 회의를 소집하고 개최할 수 있는 권리

3. 납부금 징수, 성금 모금, 학교생활, 학생복지 등에 관련한 정보를 제공받고 의견을 밝힐 수 있는 권리

4. 학생회 예산안과 결산에 대해 심사·의결할 수 있는 권리

5. 학생에게 중대한 영향을 미치는 사항에 대한 학생회 의결 사항을 학교의 장 및 학교운영위원회에 전달하고 책임 있는 답변을 들을 권리

6. 다른 학교 학생회나 단체들과 연합하여 정보와 경험을 교류하고 활동 내용을 협의할 권리

7. 학생회를 담당할 교사를 추천할 권리

⑥ 학교의 장 및 교직원은 부당하게 학생자치활동을 금지·제한하여서는 아니 되며, 학생과 교직원의 안전 등을 위하여 일시적인 제한이 필요한 경우에는 제한 사유의 사전 통지, 소명기회의 보장, 학생자치조직의 의견 수렴 등 적법한 절차에 따라 이루어져야 한다.

제19조(학칙 등 학교규정의 제·개정에 참여할 권리) ① 학생은 학칙 등 학교 규정의 제·개정에 참여할 권리를 가진다.

② 학생 또는 학생자치조직은 학칙 등 학교 규정의 제·개정안에 대하여 의견을 제출할 수 있다.

③ 학교운영위원회는 제2항의 의견이 제출되었을 경우에는 학교규칙소위원회를 구성하여야 한다.

④ 학교규칙소위원회는 설문조사, 토론회, 공청회 등의 방법으로 전체 학생을 비롯한 학교 구성원의 의견을 수렴하는 절차를 진행하여 그 결과를 반영해야 한다. 다만 학생자치조직의 요구가 있거나 학교규정의 제·개정안에 제12조, 제13조 및 제17조에서 보장하는 학생의 권리를 제한하는 내용이 포함되어 있을 때에는 반드시 전체 학생의 의견을 수렴할 수 있는 학내 공청회를 거쳐 그 결과를 반영하여야 한다.

⑤ 학교의 장 및 학교운영위원회는 학교 규정 제·개정에 대한 심의 절차에 학생자치조직의 의견 제출권을 보장해야 하며 학생의 인권을 존중·보호·실현하는 방향으로 학칙 등 학교 규정을 제·개정하여야 한다.

제20조(정책결정에 참여할 권리) ① 학생은 학교의 운영 및 서울특별시교육청(이하 "교육청"이라 한다)의 교육정책결정과정에 참여할 권리를 가진다.

② 학생회 등 학생자치조직 및 학생들의 자발적 결사는 학생의 권리와 관련된 사항에 대하여 의견을 밝힐 수 있는 권리를 가진다.

③ 학교의 장과 교직원은 학생대표와의 면담 등을 통하여 정기적으로 학생의 의견을 청취하도록 노력하여야 한다.

④ 학생대표는 학교운영위원회에 참석하여 발언할 수 있다.

⑤ 교육감, 학교의 설립자·경영자, 학교의 장 및 교직원은 학생에게 영향을 미치는 사항을 결정할 경우 학생의 참여가 효과적으로 이루어질 수 있도록 보장하여야 한다.

부칙 〈제7436호, 2020.1.9〉 (서울특별시 교육·학예에 관한 조례 일본식 표현 일괄정비 조례)
이 조례는 공포한 날부터 시행한다.

광주광역시 학생인권 보장 및 증진에 관한 조례 (일부 발췌)

[시행 2019. 3. 1.] [광주광역시조례 제5165호, 2019. 3. 1., 타법개정]

광주광역시교육청(민주시민교육과)

제15조(자치와 참여에 관한 권리) ① 학생은 자신을 대표하는 기구를 비롯하여 다양한 모임을 자율적으로 구성하여 운영할 권리를 가진다.

② 학생은 직접, 또는 대표를 통하여 학교생활 및 정책결정과정에 참여하여 의견을 표명하고 실질적 참여를 위한 권한과 정보를 제공받을 권리를 가진다.

③ 학교는 학칙 등 학교 규정의 제·개정 과정에서 학생들의 의견을 민주적이고 합리적인 절차를 거쳐 수렴하여야 하며, 학생회 등 학생자치기구의 의견 제출권을 보장하여야 한다.

④ 학교는 학생자치기구의 자율적인 운영과 집행을 보장하고, 필요한 시설 및 행·재정적 지원을 하도록 노력하여야 한다.

⑤ 학교는 학생에게 중대한 영향을 미치는 사안에 관하여 학교운영위원회에 학생 대표를 참석시켜 의견을 청취하여야 한다.

⑥ 교육감은 학생의 인권에 중대한 영향을 미치는 사안을 결정할 때에 제29조에 따른 학생의회를 통하여 학생의 의견을 청취할 수 있다.

부칙 〈제5165호, 2019. 3. 1〉(조직개편에 따른 광주광역시교육청 남북교육교류협력기금 설치 및 운용 조례 등 일괄개정조례)
이 조례는 2019년 3월 1일부터 시행한다.

전라북도 학생인권 조례 (일부 발췌)

[시행 2014. 8. 8.] [전라북도조례 제3883호, 2014. 8. 8., 타법개정]

전라북도교육청(민주시민교육과)

제6절 자치와 참여의 권리

제18조(자치활동의 권리) ① 동아리, 학생회 그 밖에 학생자치조직의 구성과 운영 등 학생의 자치 활동은 보장된다.

② 학교의 장은 학생자치조직의 구성과 운영 등 학생자치활동의 자율과 독립을 보장하고 학생자치활동에 필요한 시설과 행·재정적 지원을 하여야 한다.

③ 학교는 성적, 징계를 받은 사실 등을 이유로 학생자치조직의 구성원 자격을 제한하여서는 아니 되며, 학생자치조직의 대표는 보통·평등·직접·비밀 선거에 의해 선출된다.

④ 학생자치조직은 다음 각호의 권리를 가진다.

1. 학생자치활동에 필요한 예산과 공간, 비품을 제공받을 권리

2. 학교 운영, 학교 규칙 등에 대하여 의견을 개진할 권리

3. 학생자치조직이 주관하는 행사를 자유롭게 개최할 수 있는 권리.

제19조(학칙 등 학교 규정의 제·개정에 참여할 권리) ① 학생은 학칙 등 학교 규정(이하 '학교규정'이라 한다)의 제·개정에 참여할 권리를 가진다.

② 학교의 장은 학교규정의 제·개정 과정에서 학생들의 의견을 민주적이고 합리적인 절차를 거쳐 수렴하여야 하며, 학생회 등 학생자치기구의 의견 제출권을 보장하여야 한다.

③ 학교의 장은 학생의 인권을 존중하여 학교규정을 제·개정하고, 이를 학교 홈

페이지에 게시하여야 한다.

제20조(정책결정에 참여할 권리) ① 학생은 학교 운영과 교육청의 교육정책 결정 과정에 참여할 권리를 가진다.

② 학생회 등 학생자치기구와 학생들의 자발적 결사는 학생의 권리와 관련 있는 사항에 의견을 표명할 권리를 가진다.

③ 학교의 장과 교직원은 학생대표와의 면담 등을 통하여 정기적으로 의견을 청취하도록 노력하여야 한다.

④ 학생대표는 학생에게 영향을 미치는 사안에 관하여 학교운영위원회에 참석하여 발언할 수 있다.

⑤ 교육감과 학교의 장은 학생에게 영향을 미치는 사항을 결정할 때에는 학생의 참여를 보장하여야 한다.

부칙 〈제3883호, 2014.8.8〉 (전라북도교육청 행정기구 설치조례)
제1조(시행일) 이 조례는 공포한 날부터 시행한다.
제2조(다른 조례의 개정) ①부터 ②까지 생략
③ 전라북도 학생인권 조례 일부를 다음과 같이 개정한다.
제35조 제4항, 제41조 제5항, 제48조의 제목, 같은 조 제1항, 제49조 제2항·제5항, 제50조 제1항 중 "지역교육청"을 각각 "교육지원청"으로 한다.
④부터 〈18〉까지 생략